安安 —— 著

恋爱之路

THE ROAD TO LOVE:
A STEP-BY-STEP GUIDE TO HAPPINESS

一步一步走向
幸福的指南

Billson International Ltd.

Published by
Billson International Ltd
27 Old Gloucester Street
London
WC1N 3AX
Tel:(852)95619525

Website:www.billson.cn
E-mail address:cs@billson.cn

First published 2024

ISBN 978-1-80377-078-9

©Hebei Zhongban Culture Development Co.,Ltd All rights reserved.

The original content within this product remains the property of Hebei Zhongban Culture Development Co.,Ltd, and cannot be reproduced without prior permission. Updates and derivative works of the original content remain the property of Hebei Zhongban. and are provided by Hebei Zhongban Culture Development Co.,Ltd.

The authors and publisher have made every attempt to ensure that the information contained in this book is complete, accurate and true at the time of printing. You are invited to provide feedback of any errors, omissions and suggestions for improvement.

Every attempt has been made to acknowledge copyright. However, should any infringement have occurred, the publisher invites copyright owners to contact the address below.

Hebei Zhongban Culture Development Co.,Ltd
Wanda Office Building B, 215 Jianhua South Street, Yuhua District, Shijiazhuang City, Hebei province, 2207

目 录

I. 引言 / 001
A，婚姻是什么？ / 001
B，好的婚姻是什么？ / 002
C，婚姻的必要性 / 003
D，找到对的人进入婚姻的必要性 / 006

II. 准备与自我认知 / 008
A，自我提升与成长 / 008
B，对自我需求的清晰认识 / 033

III 恋爱准则 / 036
1，婚姻就是改命，可能更好，也可能更差 / 036
2，如果你出身普通，长相一般 / 039
3，分手的真相 / 041
4，什么是对的伴侣 / 043
5，远离让你廉价的男人 / 044
6，远离身边那些烂人，哪怕你会付出一定的经济代价 / 046
7，用对方法谈恋爱 / 049
8，在爱情的世界里只有一条路可以走 / 051
9，男人为了一段成功的感情必须付出努力，也就是说必须由男人追求女人！
/ 054

10，约会时是男人去你方便的地方，不能半路见面 / 063

11，约会时不要 AA 制 / 067

12，不要主动找他，也不要轻易让他找到你 / 069

13，从第四次约会到对方做出承诺时该如何表现 / 075

14，一个星期见面不要超过两次 / 078

15，如果他没有给你买生日或者情人节礼物，不要再跟他约会 / 081

16，不要急着滚床单，也不要有其他亲昵的举动 / 093

17，不要逼着对方做任何事，也千万别想着改变对方 / 100

18，让他主动，他好比一本翻开的书，而你则是个谜 / 107

19，既要坦诚又要神秘 / 112

20，如何推进婚姻 / 114

21，爱情值钱吗？ / 116

22，不要跟已婚男人约会 / 124

23，如果你是离异女性或者单亲妈妈，当然也应该看这本书 / 126

24，一定要警惕，不要让自己对任何人、任何事产生依赖 / 128

25，不断练习，熟练运用 / 131

26，即便你已经订婚或者已经结婚，也需要这些 / 135

27，女人是一个家庭最好的风水 / 138

28，男性力量 / 140

29，女性力量缺失的人 / 143

30，家庭里父亲对女儿的影响 / 145

31，家庭里母亲对女儿的影响 / 147

32，为什么谈恋爱总是高开低走的？ / 149

33，为什么恋爱之后，你总是情绪崩溃？ / 152

最后 / 156

I. 引言

A，婚姻是什么？

婚姻到底是什么？婚姻是爱情的结合还是利益的结合？恩格斯《家庭，私有制和国家的起源》告诉大家一个观点，婚姻的本质并不高尚，但它也并不邪恶，婚姻是社会经济发展到一定阶段的产物，成年男女之间为了更好地生活下去，结合成的一个利益共同体，所以它的本质是利益，是合作，是相互满足对方的需求！

它掺杂了很多复杂的东西，有很多利益的纠葛，它不是纯粹的简单的爱情，它有精神共鸣，有信赖，有安全，有钱，有物质性的陪伴，有接纳，有抚慰，有互动，有肌肤之亲，有内心的满足，还有共同抚育下一代的利益捆绑。所以你明白了这一点，就知道婚姻的本质，它就是一场合作，婚姻没有必要非得打扮成爱情的样子，把爱情当作婚姻的全部，那你就会感觉婚姻是爱情的坟墓，走进婚姻之后，你会很痛苦。

B，好的婚姻是什么？

对一个男人来说，最底层的婚姻思维是传宗接代，延续香火，他的标准就是看对方年不年轻？能不能生？长得漂不漂亮，身材好不好？

中层的婚姻思维是什么？就是要找一个事业的帮手，找一个能够阶层跃升的工具，我要找一个贤内助。我家有五套房，你家有三套房，咱俩一结合，八套房挺好，或者是你爸是企业家，我爸是政治家，咱俩一结合，门当户对。

顶层的婚姻思维是什么？就是要找一个人生的合伙人，他一定是把灵魂契合放在第一考量，考量的是什么？情绪稳定的能力，相互包容，人品、三观。

对女人来说，你认为婚姻是用来遮风挡雨的，婚后发现你人生当中的风雨都是婚姻带来的，能够今天为你遮风挡雨的人，他也会为你制造风雨。婚前你认为爱情很重要，你要嫁给爱情才幸福。婚后你会发现，婚姻当中自我的成长更重要，这才是幸福。婚前认为婚姻仅仅就是感情的交换，有情人终成眷属，婚后你会发现，其实婚姻就是一种价值交换，让自己始终充满价值是你终身的大事儿。年轻的时候你有容貌的价值，生育的价值，提供物质的价值，年老了呢？你应该想清楚，这些价值是不存在的，你的价值是什么？女性朋友们，婚前你会认为你负责挣钱养家，我负责貌美如花，婚后你才发现，旗鼓相当的婚姻，它才会更长久，你负责赚钱养家，而我负责勤俭持家。

你认为好的婚姻是遇到对的人，其实不是，好的婚姻是遇到好的自己，在这段关系当中，在这段关系的滋养下，不断地去寻找，发现，遇到一个最好的自己，而不是遇到一个好人。你的一切人际关系，包括你的爱人都是在帮助你，辅助你成长的，而不是单单让你依赖的，让你依靠的！

C，婚姻的必要性

人为什么一定要结婚？

哈佛大学持续了76年，花了2000多万美元研究得出来一个结论：这项研究跟踪了268名当年的哈佛学生的一生，最后发现在亲密关系这项，得分最高的人比得分最低的人每年多收入将近10万美金，也就是差不多70万人民币。所以你们看到有钱人就能发现，很少有有钱人不结婚的，普通人总以为人家结婚就是为了联姻，为了家族未来，人家结婚的目的就是为了更有钱，而有了良好的亲密关系才能更有钱。富人早就知道这个事儿了，所以别再以为有钱了就有爱。真相是有爱了才能有钱。

接下来说说我的个人看法，大家都在说不婚不育保平安，听说现在的姑娘都已经水泥封心不准备结婚了，如果我可以自给自足，有房有车，撸猫打游戏，生活精彩，又找不到我喜欢的人，那我是不是不再需要婚姻了呢？我从经济学以及人性的角度给你全面剖析婚姻的意义，可能会颠覆你对婚姻的认知，看完你自会有答案。我以公司为例来说明婚姻一定很容易理解，婚姻呢，类似于两个相互有好感的人共同组建一个叫做家庭的公司，你们的孩子啊，幸福的情绪以及各种建设成果就是这个公司的利润。婚姻的本质其实就是价值交换，资源整合，那么这个世界上一定有很牛的人，他什么都不缺，并且对和别人合作，也没有兴趣，那么他开的是独资公司，自负盈亏，他是有足够的能力终生沉浸在自己的小世界里，并且为人类的幸福奋斗终生，而青史留名，比如，牛顿、伊丽莎白、林巧稚，等等。但是对于我们大多数普通人来说，一个人长久的赚钱能力和资源背景都是很有限的，要想一个人在市场的博弈中生存壮大，有朝一日上市是很难很难的。比较保险或者明智的做法就是找个合伙人一起先摊薄生活成本，比如原来一个人买不起房，现在可以凑一凑一起买或者有资格买，然后资源上重新整合或者互补，比如一方有显赫的家世，但是个人素质平庸，另一方出身一般，但是天赋异禀且努力上进，这种资源上的整合，会让这个小家庭更上一层楼，实现突破圈层。小贝和维多利亚、马克龙和他老婆以及各路商界大佬基本都是这个路子，我们身边这种类型的婚姻也很常见，签完合约后理想的状态呢，是从小的个体户慢慢变成股份责任公司，获得一定规模的经济效应，具备更强的组织学习能力和抗风险能力。就是一个人靠自己拼尽全力最多过上五分的生活，但是合资后可以过上大于或者等于十分的生活。所以,人类都是为了过上更好的生活才去结婚的,这是动机,你能看到我的书,说明你也是个爱深度思考的人。那么我在附赠你几个关于公司成功盈利的通用法则。合资公司最关键的是什么?不是启动资金,也不是项目前景,真正的关键是合伙人,你跟一个什么样的人合伙,才是决定这个公司成败以及你个人成败的关键。所以你选择合伙人是不能只选择喜欢,喜欢并不能够解决所有的生活问题,你应该选择那些看得见摸得到的不可变量,比如才华、物质、家境,等等。回到婚恋上来,就是你的另一半越优质,你的烦恼就越少,即使最后公司会倒闭,你分得的利润也会比你自己疲于奔命的收益微薄来得好。

第二点,国内的合资公司合约一般就二三十年,婚姻稍微浪漫一点,签订的时候都号称终生。其实婚姻的平均寿命还没有公司的时间长,上市公司都能退市,公司还不能破产吗?这个世界上唯一不变的,就是变化,所以首先请你先接受生活中的无常,比起结果,我更看重的是过程和收获。只要你在婚姻中有收获,有成长,你又何必在意那个无常呢?说不定重组后的公司更健康,你公司上市后,你的原始股一定赚,只是赚多赚少的问题,创业和婚姻在某种程度上一样,就是一场赌博。赌是拿你的时间、精力、财富的所有的资源去换取共同升值的机会,而不是赌对方的人品和他婚后对你好不好,博的是我们自己在婚姻中不断地自我成长。我们这个时代啊,旧的观念已经被摧毁,新的价值观还没有完全建立起来，让大多数人都无所适从。需不需要婚姻，答案会随着你不同的经历，不同的心境，在不同的时刻一直在变。在我看来，婚姻和创业真的很像，到底要不要创业，到底要不要结婚？没有标准答案，让想结婚的人去结婚，不结婚的人不结婚，也许到最后都会后悔，但是如果你都没有试过，你连后悔的机会都没有。

D，找到对的人进入婚姻的必要性

面对婚姻，什么才是最重要的？每个人心里，都有自己的答案。张爱玲说过："婚姻，我替你们试过了，人生的另一半，如果选错了，往后余生每一步都是错，你会尝尽人间苦楚，取舍两难。相貌和财富都不是那么的重要，重要的是人品、责任和担当，以及原生家庭刻在骨子里的三观和教养。所以选择和谁结婚真的不一样。有的人进入你的生命里，会让你觉得人间值得，会成为你的光，而有的人会把你的光全部熄灭，特别是有了孩子以后。所以，人可以不幸福，但一定要人间清醒。"

杨绛先生也说过，开始让人舒服的可能是语言，但后来让人舒服的一定是人品。生活不全是利益，更多的是相互成就，彼此温暖。所以说，你是谁决定了你的起点，和谁在一起，成为什么样的人才决定你的终点。人生短暂，余生不长，希望我们和人品好的人交往，把不靠谱的人请出你的世界！

I. 引言

　　婚姻是这辈子唯一一次能够自己挑选家人的时候,你想和什么样的人牵手相伴地走完这一生,就应该去找什么样的人,经济基础固然是很重要,但是更重要的是一个人的责任心、担当,他的家庭教养以及控制情绪的能力,说话方式,还有处事态度。结婚就是万家灯火,总有一盏灯为你而留,而不是鸡飞狗跳,只有你一人忙前忙后。所以选对伴侣真的很重要,人生的另一半如果选错了,往后余生步步皆错。所以就算晚点也没关系,但一定要是对的人,因为他是你后半辈子的光。

II. 准备与自我认知

A，自我提升与成长

一，视觉吸引

基于生物学本能，根据进化心理学的观点，男性天生被健康、年轻、有生育能力的女性吸引，因为这代表了繁衍后代的潜在优势。外貌在吸引力方面扮演着重要的角色，因为它是最先被察觉到的特征之一。

你一定要留长发

调查显示，很多男生都喜欢拥有一头靓丽长发的女孩，你可能会觉得这是人类的审美导致的，那审美背后的原理是什么呢？其实，这要从人类进化说起，因为我们人类大脑容量的突飞猛进，导致人类的分娩提前了，分娩后的女性不得不花好几年的时间尽心照料才能保证婴儿生存，所以母亲的健康不仅决定其是否具有怀孕的能力，还决定着其分娩后是否有足够的精力养育新生儿。而在远古时期，男性想要判断某一女性的健康状况，是无法通过婚前检查诊断的，只能自己判断,而他唯一能够观察的只有女性的外表,恰好人类的头发就是衡量健康状况的重要指标。人类头发的生长速度非常缓慢,一年也就长个十几厘米,这就意味着一个女性如果有一头亮丽的头发,可以至少说明她在过去的好几年间营养和健康水平都还不错,再加上那时的人类还没有护发的技术,几乎无法掩盖自己头发的真实状况。如此一来,那些骨子里更喜欢选择拥有靓丽长发配偶的男性,因为配偶的身体更健康,从而会比其他人产生更多的后代,他们的后代也更容易存活,他们身体中喜欢长头发的基因也就更容易存续,这样一代一代筛选下来,也就让现阶段的大多数男生更喜欢长发女生了。

皮肤要好,不要太胖

为什么现在的男生越来越喜欢又白又瘦的女生,而唐朝是以胖为美?我觉得最合理的说法是,稀缺。古代的人物质并不那么富足,都是吃不饱饭的状态,相反那个时候一旦你有点儿胖,或者是所谓的丰满,就意味着你的条件是不错的,整个社会逐渐形成了这样的一个审美观。但是现在的人已经过了这个阶段,生活条件很好,而相反胖又成了一种常态化,大家很多人都胖,这个时候瘦是稀缺,所以,这就是不同的时代带来的不同观念。尤其条件好的男生,他对自己的身材都有很高的要求,更何况是另一半?所以请保持好你的身材!

然后皮肤,为什么男生都喜欢白的女孩?有人说啊,这是一种生物学上优胜劣汰的本能。

维生素 D，是人体必需的也是非常重要的元素，它可以促进钙的吸收，让骨头更结实，如果少了它，我们就会得软骨化症和佝偻病。如果女生患有佝偻病，会使骨盆变形，导致不能生孩子。可是人类自己是不能合成维生素 D，也不能从食物中获得足够量的维生素 D，最好的办法，就是晒太阳，阳光中波长在 290~310 纳米之间的紫外线，能够把胆固醇转化成维生素 D 的前体，进而合成维生素 D。而且晒太阳获得维生素 D 的效率还很高，比如夏天中午日照最强烈的时候，穿泳衣照 15 分钟就可以产生 1 万到 2.5 万个国际单位的维生素 D，而一个人维持一天的维生素 D 的消耗量是 800 个国际单位。人类维生素 D 的总量中，90% 以上来源是通过皮肤晒太阳得到的。但是维生素 D 也不是越多越好，过多的就必须经过肾脏处理，再通过尿液排出去，晒太阳太多会让肾脏出毛病。那怎样控制维生素 D 的合成量呢？让皮肤变黑来阻隔多余的紫外线，这就造成了越靠近赤道的地方，人的皮肤就越黑，而到了高纬度地区，阳光中的紫外线变弱，皮肤就变白了，更利于吸收紫外线。还有一种人体必需的，维生素叶酸，它可以被阳光中长波紫外线轻而易举地分解，而叶酸不管对男人还是女人都非常重要，所以为了减少紫外线杀死叶酸的概率，人的皮肤呢，就要偏黑一点。也就是说，人体为了得到足够的维生素 D，需要把皮肤变白一些，但又要保护叶酸，还得维持一定的黑色。所以在全球各个地区、各个人种之间，皮肤就在不断地去找到一个满足这两个条件的平衡色，人类皮肤颜色就是在这样不断的适应中演化形成的。为什么各个人种的女性都要比男性白一些，那是因为，女性在怀孕和哺乳期时还要给孩子准备一份钙出来，所以他们需要的维生素D比男人更多，他们就把自己变得更白，以利于吸收紫外线。所以喜欢皮肤更白的女生，是因为她们能给下一代提供钙质的能力更强，也许这个说法你会觉得有点荒谬，但是不得不承认，男生都喜欢白白净净的女生！当然白我们自己决定不了，但是干净是可以做到的，有皮肤困扰就去看皮肤科医生，不白也至少要皮肤健康！

二，嗅觉吸引

除了外貌，还有一个非常重要的吸引力，嗅觉吸引，生物学家把男女之间相互吸引时彼此身体散发出的看不见的气息划分为"信息素"，也叫做"费洛蒙"。费洛蒙是一种有气味的化学物质，它能起到传递信息的作用。费洛蒙的气味浓度在意识边界处，它能强烈影响物质转化和个体行为。所以费洛蒙被用作攻击、集合、标记或连接的信息物质，其中最著名的是性吸引物质。

伦敦大学心理学系和瑞士可劳斯·卫德凯德在76名参加实验的大学生中，女学生在接受了弗洛蒙的刺激后，和男学生持续交往的比例大大提高了。将男性穿过两夜的T恤放在盒子里与未穿过的放在一起，结果女性更喜欢穿过的。

在德国酒吧里的实验表明，穿相同衣服的双胞胎姐妹中，用过弗洛蒙的姐姐更能吸引异性。实验结果是：弗洛蒙能使性吸引力增加80%。

精油，来自植物世界的芳香物质，包含了一系列具有费洛蒙特质的成分，作为人体中的信号物，能在人际关系中起到调控作用。长期经验显示，精油能促进和支持许多社会关系，帮助人们增加异性缘、桃花运。所以去找到属于自己的那个香味吧，让他对这个味道着迷，闻到这种味道就会想起你！

三，内在吸引，开启你的女性魅力（女性力量）

第一，性格温柔大方，骨子里的修养，能够散发出真正的魅力。

再厉害的男人，在一个特别温柔的女人面前，都愿意臣服，都愿意改变。老子说："柔弱胜刚强。"即使是钢铁直男和性格温柔大方的女人在一起，也会变得越来越温暖和柔软。

一个温柔的人，她就是温暖的，她本身就是已经活成了光，在有意无意之间，她已经成为照亮别人的一束光，具备智慧的光，具备慈悲的光，具被包容的光，具被柔软的光。

一个温柔的人，她首先是一个懂得付出的人，懂得接纳不同意见，不同生活形态，不同意识形态，懂得尊重别人。同时也是一个有底气的人，懂得坚持，懂得坚强，她在经历过风雨之后是能拿到果实的人。所以她愿意成为分享的那束

II. 准备与自我认知

光,她愿意成为照亮别人的那束光,她的身边积聚了很多美好的人。

一个温柔的人,待人接物是让人很舒服的,能够做到这一点,恰恰是因为她有足够高的自我价值感,足够强大的内心,有很强的自我胜任感。所以这样的女人,她是有能力的,对于自己的价值,她也是非常确定的,也正是因为如此,她不需要用外表的强悍去小心翼翼地维护自己的尊严,所以她才能够柔软。

一个温柔的人,也是很松弛的,她内在有足够的力量,能够让她松软下来。

很多强势的女人,对于"温柔"两个字本能的反应就非常的反感,因为听起来,温柔很容易跟软弱混淆,而女人之所以强势,就是因为她对软弱有一种天生的反抗精神,她们觉得输什么不能输气势,丢什么不能丢面子,所以这是强势女人她们为人处事的一个原则。因为内在没有力量,没有足够的东西能够给到别人。寸步不让,是因为内在匮乏,斤斤计较,是因为吝啬,而疑神疑鬼,是因为缺乏安全感。强势的女人她们很难经营好感情,她们会认为自己什么都做得到,不用忍让和讨好对方,但是经营关系是需要忍让和讨好的。忍让和讨好并不是软弱。

那如何做到温柔但不软弱呢?重点在于界限感和对底线的把握。在我允许的范围内,你想怎么舒服怎么来,你只要别越界触碰我的底线,我对你都是和颜悦色的,我对你是温柔细心的，我会包容你，体谅你、接纳你，这些都没有问题。但是一旦你超越了我的底线，践踏了我的尊严，那对不起，有关于我所有的美好都会消失不见。所以温柔不代表软弱，软弱的人是不能够保护自己的。我之所以硬气不起来，那是因为在你那里有一些我非常需要的东西，非常看重的东西，我不能够自给自足，我得求着你，这样就会被控制，我为了更加看重的某些价值而放弃了尊严，这就是软弱。

去做一个温暖柔软但是有底线的人，去对自己好的人释放柔软。

第二，情绪稳定，热爱生活。

满身的正能量，和她待在一起就能被她的高能量所影响，有一颗积极向上的心，精彩独立让人敬畏，不仅不会忽视她的存在，还会尊重她。

怎样使自己处于高能量状态？

1，懂得能量保护，对待外界要有防身铠甲。正能量正反应，负能量负反击。

你想要过得开心，学会负反击简直太重要了。为什么你不想上班，不想上学？为什么你害怕社交或者不想社交？因为你根本没有学会如何去处理外界给你的负面能量，你的感受不会欺骗你，一件让你一直损耗能量的事儿，你当然不会想做了。所以正确的做法是，在和外界环境或者人互动的时候，不用学习很多"术"方面的东西，只要明白一件事，环境或者人给你正能量，你就做正反应，环境或者人给你负能

II. 准备与自我认知

量,一定把负能量还回去,不必客气。但方法是直白还是委婉,取决于当时的情境,总之一定要有一个能量层面的回击,不然后果就只有你自己默默承受。或者你有意无意转移到你最亲近的人身上,相信我,只要你这么做,一段时间后,你再也不会害怕和环境互动,和人相处。

2,懂得能量呵护,对待自己要细心呵护。

保护你的注意力就是在呵护你的身心。注意力是你最宝贵的能量,你把能量都给了那些你根本不喜欢的东西,不喜欢的人,消耗在那些完全没有意义的损失上,那你当然没有能量做自己想做的事情了。警惕那些让人眼花缭乱的信息流。要知道,你的潜意识不会说不,它会记录你说过的一切。像保护自己的身体那样保护自己的注意力吧。这是一股很强大的能量,当你呵护好了自己的注意力,就会很容易进入心流状态。那种高创造的乐趣是很多东西无法比拟的,利用好它,而不是被外界傻傻地利用。

3,永远不为自己担忧,永远祝福自己。

不想内耗的话,担忧是一种极低的能量,只能吸引更多不好的东西来,你又不想害自己,为什么老是担忧?为什么要内耗?内耗的本质就是因为恐惧。但你相信我,任何一件让你困扰的事,放远点看都无足轻重,只要你还活着,若干年以后一定会淡然地说出轻舟已过万重山,就像现在的你看若干年前的自己一样。

4,懂得能量节流,要找到自己漏气的罐子,确保自己的能量不会泄漏。

远离任何让你难受的环境、人、事、物，相信你的感觉，让你不舒服的东西一定是不同频的，和你相斥，不能完全远离，就最大程度上减少这些东西对你的影响。断舍离，狠狠去断，断到你认为没有任何多余的东西了。我断舍离最厉害的时候，就是我内心最平静美好的时候。

5，懂得什么是自己的事？什么是别人的事？什么是老天的事？

建立良好的自我边界，简单点说就是有界限感，少替别人和老天操心担忧，不承担不属于自己的因果。

6，能量建设。

在保护呵护好自己的能量，确保好自己的能量没漏的情况下，就可以开始能量建设了。能量建设大道至简，教你最简单的一招，也是我用过最好用的一招，建设能量清单，你就可以满血复活。回忆从小到大的生活，做什么事情能让你感到瞬间满血复活？列一个清单，这就是你的能量清单，也就是能量来源。

这个能量清单对于我来说就是：

1，和我孩子们待在一起。

2，晒太阳。

3，喝咖啡。

4，看电影。

5，打扮自己。

6，阅读。

7，听音乐。

8，去旅行看不同的人文

9，扔掉家里多余的东西。

10，写东西。

11，影响别人。

12，运动。

你也列一个吧，相信我，去做这几点，你的能量会越来越好。

最后，打开自己，保持敞开，保护自己的同时，又让自己的能量流动起来。是的，流动得像水一样，柔和，轻盈却稳定，永不止息。维持好自己的能量，这就是生命最好的状态。

如何让自己情绪稳定？

假如你以前是一个情绪还比较稳定的人，为什么恋爱后，或者结婚后情绪越来越不稳定？答案是有些人故意把你逼疯的。如果你跟一个男人在一起，情绪开始从稳定变得越来越不稳定，那从心理学上分析，这个人一定是有问题的，或者说你们这段关系也一定存在问题。因为情绪的不稳定的本质，说白了就是你跟他在一起的时候，有一些事儿触发了你的不安全感。一般来说呢，两种情况。

第一种，对方的行为触发了你的不安全感，比如说对方不正面回答你的情绪，在你们产生矛盾或冲突的时候，他总是选择回避或者冷淡处理，对你的情绪不闻不问，那我相信即使你是一个情绪管理的专家，也不可能始终保持平静和淡定，你跟他吵架也永远都吵不赢，因为他只会把注意力集中在自己的利益上，说自己想说的话，完全不关心你在表达什么，他只会以一种你完全察觉不到的方式把你给逼疯，然后在一旁，静静地看着你崩溃，看着你发狂，给你贴上一个情绪不稳定的标签。那这个时候造成你没有安全感的本质就是因为他没有满足你基本的沟通诉求，让你觉得自己被忽视，被否定。人的本质就是追求被看见。所以如果对方总是忽略你，不正面回应你的情绪，那时间久了就会激发你潜意识里的不安全感。因为谈恋爱，那就是两个成年人退化到婴幼儿时期，这个时候你会渴望从对方身上获得抱持感，于是你就会非常用力地想要去抓住对方，想从对方身上找到共鸣来获得爱，这会导致你的内心是缺乏力量的，你会把所有的期待都寄托在对方身上，希望他可以填补你内心空缺的那一部分。一旦对方没有照你的期待去做，或者稍微有点不对劲的地方，你的脑海里就会冒出四个字，你不爱我。把对方的每一个不愿意、不接受作为衡量他爱不爱你的标志，尤其是那些从小缺爱的人，长大后一旦在感情里尝到被关心和被爱的甜头，就会不自觉地进入一个心理退行期，为了保持这种感觉，就会不断地向对方要求和索取。所以大多数的情绪不稳定其实是来源于第二种，你太爱他了，太害怕失去他了，缺乏内在的支撑，总是向外索取安全感，于是过度关注别人，无法以

II. 准备与自我认知

一颗平常心来谈恋爱。但事实上,成年人的爱情的第一条就是在恋爱之前,我们首先是自己,是一个独立完整的人,每个人都是有自己的思想,有自己的家人、朋友圈子,自己的生活方式,拥有另一半是让两个人的生活更丰富多彩,绝对不是填补空白的。所以,如果你感觉自己的情绪越来越敏感,越来越焦虑,而对方在相处的过程中也没有犯什么原则性的错误,那你就要考虑一下,是不是自己的托付心太重了,激发了你内心的不安全感。

所以明白吗?情绪稳定这个东西本来就是一个伪命题,不是说你把自己修炼得多强大,你就能情绪稳定,这是不可能的。内心再强大再能忍的人遇到时刻能把你逼疯的人,你的情绪也稳定不了,所以情绪不稳定这个也没有什么,重要的是你要意识到到底是什么触发你底层的这个不安全感。

如果你是第一种,那你要做的就是远离,因为人是很难被改变的,当你发现自己跟他沟通不了,磨合不了,你要做的就是及时止损,然后你就会发现远离这个人,你的情绪会变得非常稳定。所以这个时候你只需要做一件事,就是不解释,不自正,然后远离。

如果你是第二种,那你就要学会向内求,修复自己的情绪和内心,意识到这个世界上没有任何一段关系是真的不可以失去的,你只有把亲密关系当作生活中的一个附加品,它的存在是让生活变得更好,而如果没有他,也不是一件天塌下来的大事儿。当你能用这样的姿态去看待一段关系,那你反而能从这段关系里获得滋养。

我再来说说，很多情绪稳定的人都是倒霉习惯了导致。这类人多数是从小或者过往经历中被打击习惯了，经历了太多的倒霉、难过、压抑。这种状态到了一个临界点的时候，就会变得情绪稳定了。在她的经验总结里，有时候麻木迟钝一点，痛苦才会少一点。她的人生经历让她始终坚信大喜之后必有大悲，所以她会追求平静，慢慢的，性格就变得沉稳了。

接下来我要告诉你，所有的情绪都很重要，可悲的是，我们在二元论的世界里，从小就被告知，所有的情绪都需要强行的被划分为两类，积极情绪和消极情绪。于是出于趋利避害的本能，我们会天然地厌恶消极，追求积极，而这就导致了灾难性的后果，那就是我们会厌恶处于低落状态时候的自己，并且会残忍地逼迫自己要在低落的时候强行地、特别反人性地要振奋起来。而相较之下，你会发现，所有的一元论者之所以能够和各种情绪都能够建立良好的关系，完全是来源于他们的两个独特的视角。

第一个视角，他们会把所有的情绪看作一种闪烁。我们必须要承认，这个宇宙的法则是，首先自我先存在着，然后我们才能够创造出某一种生活，接着这种生活会导致某一类情绪的产生。于是我们可以反过来利用这个法则的逻辑，例如，当一个人出现了抑郁的情绪，就必然说明他存在着一种导致抑郁出现的生活方式，而这种生活方式完全是由他自己

II. 准备与自我认知

创造的。比如，他可能创造出了一种容易出现抑郁的作息规律，习惯性的熬夜，可能饮食结构正在导致他变得很低落，他吃的是高糖、高盐高油脂的食物，身体在不断地出现各种炎症，他很长时间不运动。或者他有可能缺乏稳定的亲密关系。他每天接收到的信息的输入都是非常浮躁的，刺激感官的，没有营养的这些东西，所以当看到这里的时候，有三个事实就已经不言而喻：

1，出现任何一种情绪都不是你的错。

2，你永远都有选择，你当然可以选择创造任何一种生活，只是有的时候我们会忘了自己有选择。

3，任何情绪的本质上都是一种闪烁着的信号，它在试图告诉我们，我们的生活正在经历着什么？

第二个视角，他们会忽略情绪而直接回归到本体存在之上。如果你有冥想的经验的话，你会知道所有的冥想在最开始的时候，我们练习的都是呼吸。你看，所有人都知道，假如一个人因为演讲而感到紧张，我们就会劝他深呼吸，因为我们会觉得深呼吸可以让人放松下来，可以消除紧张感，但是这是完全错误，因为呼吸的真正作用其实是帮助你确认你的本体存在。也就是说，深呼吸并不会消除紧张感，但是它会让你意识到你完全不必消除紧张，因为你是凌驾于紧张这种情绪之上的那个存在，紧张从来都不会控制你，它更不会毁了你。于是我们的潜意识就从如何在演讲中不紧张变换成了如何在紧张的时候还能把我觉得有价值的东西表达出来。

这样一来，紧张情绪就从主角变成了背景，正如欧阳夏丹所说的："如果我们更加专注于分享这件事情的本身，我今天讲的内容很多信息是有价值的，底下的听众会有收获。而且我有强烈的想要去交流和感染你的欲望，就会忘我，忘我就会投入，就会松弛，而且在这个过程当中出现任何的瑕疵和状况，我也能够坦然而平和地接受。"

心理学家富兰克尔曾经说过一句足以让人立马就顿悟的话，他说，在外界的刺激和我们的反应之间存在着暴风之眼，进入其中就可以自由地选择自己对待刺激的反应方式。人类就是在暴风之眼中真正成长起来的。我们想想看，一个人的能量究竟是怎么被消耗掉的？答案是无时无刻的应激反应。我们都知道一个现象，叫做一朝被蛇咬，十年怕井绳。这就是一种很典型的应激，因为被蛇咬过的人只需要怕蛇就足够了。而如果一个人小的时候曾经被代表着权威的老师在课堂上骂过，公开地侮辱过，那么他大概率在成年只要看到同样代表着权威的，比如领导、老板、大人物时，就会下意识地感到浑身都不自在、怯懦和无所适从。同样的，你小时候如果总是体验到父母的冷漠，总是习惯性地被忽略，那么当你长大之后，面对任何的亲密关系，都会采取一种下意识的回避态度，那这种下意识的反应虽然迅速，但是造成的能量消耗却不亚于心中的一场风暴。我们想想看，当每一次应激反应发生的时候，其实都代表着你又一次重返了你当年受到创伤的那个时刻，你被千遍万遍地拎回到那个创伤发生的地方。

也就是说，如果你曾经被踢了一脚，那么每一次应激就代表着你在脑海当中又一次被踢了一脚。每当只要出现类似的场景，我们就会又一次被那场飓风所撕碎而停下。风暴对你伤害的秘密就藏在风暴之眼中。我们前面说应激是下意识做出的反应，而实际上在刺激和反应之间是存在着一个空间的，对吗？如果你身处在这个空间当中，你就可以选择你接下来的反应方式，而这个也是能量提升的秘密。就像你下一次走进老板的办公室之前，你可以暂停一秒钟，听一听此时此刻公司的环境的声音，看一看地板上的纹路，然后你会意识到其实每一个生命都是自由而平等的。于是在那个空间当中，你就可以自由地选择一种不卑不亢的态度和老板交谈，你可以不让曾经的记忆重播，或者就像你下一次约会的时候，你可以暂停一秒钟，感受一下此时自己的身体，自己的步伐，自己的呼吸，自己的姿态。然后你会意识到其实你已经长大了，你可以选择进入一段关系，而不用那么害怕受伤了，你可以停止那段糟糕的回忆了，而这个暂停，这个响指，就是风平浪静的风暴之眼，它会帮助你打断你的应激反应。

我们都知道，情绪有的时候强烈的如狂风暴雨，电闪雷鸣，你仿佛觉得那一瞬间自己要被撕碎了。

"我们越是抗拒坏情绪，它越会气势汹汹，无孔不入；相反，如果我们接纳它，愿意与它和平共处，它们便不再那么有威力，反而更容易获得平静。"——泰勒·本·沙哈尔

恋爱之路 ▎一步一步走向幸福的指南

回到恋爱的内容，我要告诉你，就是一个人爱你，他是能够接住你所有的负面情绪的。因为说我爱你很容易，给你买东西也很容易，拥抱很容易，接吻也很容易。但是在面对你一次又一次的负面情绪的时候，不是不耐烦，也不是表面礼貌，就像你皱眉的时候，他不会觉得你事多，也不会觉得你矫情，只会心疼，所以一个男生爱你并不是看他说了多少句我爱你，而是在你负面情绪爆发的时候，甚至跟他吵架的时候，他会怎样对待你。用嘴巴说爱你很容易，但用行动来爱你确实很难。就像是爱上那个乐观开朗的你很容易，但是同样能够去爱，去包容那个阴暗负面的你却很难。所以说，一个男生，在面对你负面情绪的时候，能够温柔的对待你，不去指责你，那么他一定也是值得你同样去爱的，那个爱就有意义。

第三，有趣的灵魂。

在现实生活当中，有趣非常的重要，婚姻里大家都知道有太多的柴米油盐，这非常的平淡，一个有趣的灵魂，就能让生活变得多彩，变得快乐，充满希望和阳光。你想要遇到一个有趣的灵魂，首先你得先让自己变成一个有趣的人。那怎样才算是有趣呢？又怎样才能成为一个有趣且充满人格魅力的人呢？从充满吸引力的人身上，我观察到了一个人如何与世界互动的方式决定了他的有趣程度。下面这四点，只要你做到了，你也能成为一个有趣的人。

1，活在当下。活在当下不是放纵自己，虚度光阴，而

II. 准备与自我认知

是全身心都投入当下你在做的每一件事情。她们总是能够做到，阅读的时候就专心阅读，运动的时候就只运动，玩的时候就好好玩，思考的时候就认真去思考这一件件事情，就像色彩一样，一点点地填上原本黑白的生活，让生活变得更加生动。

2，保持好奇。当她们听到与自己截然不同的观点时，第一件事情不是感到被挑战和去否定他人，而是好奇地去探索超出她们舒适区的信息来源和成因，从而去补齐她们的知识盲区。你想上知天文下知地理的人能不有趣吗？

3，把生活过成电影。她们总是习惯于把自己生活里面发生的故事记录下来，无论是文字还是图片，这个过程会让她们停下来反思和回味生活里面所经历的事情，给生活的每一件事情都赋予意义，把自己的生活想象成电影，自己就是生活的主角。生活过得很有仪式感。

4，保持真诚是她们最大的吸引点，无论好的坏的，开心的不开心的，她们总是能够诚实地分享出来，不是过度包装，而是真正地去接纳。我就是我，这些都是我，这就是让她们有趣的秘密。

其实这些你看着灵魂有趣，并且活得特别洒脱自由的人，她们都是坚持了自己。"我坚持我自己的想法，并且不太在意外界对我的评价。"因为时间久了，你会发现你不管怎么样，最终还是会回到你自己内定的那个轨道上来，你最终还会选择你喜欢的事儿，你心里还会选择你喜欢的那个人，你还会

恋爱之路 ┃ 一步一步走向幸福的指南

回到你自己喜欢的规矩或者标准上来走完你的人生。

第四,有气质,眼神里全是自信。

只要你自信,你就是闪闪发光的!我们很多人都是在打压教育下成长起来的,自卑是我们大多数人的底色,那怎么才能让自己自信起来呢?

想自信就要完完全全地接纳自己,你记住,人在低谷时一定要看得到自己,人在高峰时一定要看得到别人。所以如果此时此刻你在人生的低谷,你对你的人生并不满意,身边所有人都不喜欢你,身边所有人都不肯定你,那么你更要相信自己有涅槃的机会。完完全全接纳自己,接纳现在的状态,不抱怨,不消极。

把每件事情都做对,累积一次次小成功,比如减肥,你控制饮食再结合锻炼,朋友看到你会说你瘦了,你在这个事情上就得到了正向的反馈,再比如你坚持早晚认真护肤,朋友都说你皮肤越来越好了。还有你认真读完这本书,每一次的约会都顺利进行,这些都是正向反馈,你就是在把事情做对,别看都是小事,把每一件事情做好做对,一次次地累积,你就会变得越来越自信!

最重要的是一定要坚信你足够好,足够优秀,不要被任何人定义,别人说你是什么?你能做什么?都不重要,也都不是事实!你是谁?能成为谁?只有你自己说了算,坚信你就是那个最棒的女孩!

你非常自信地与世界的任何人和任何事相处,是由内而

II. 准备与自我认知

外的，坚信自己足够的好，全然的接受自己，完全不需要别人给你任何的情绪价值，你也不会受到外界任何声音的影响，你知道"你对我的百般注解和识读，并不构成万分之一的我"，你的这份自信，就会让大家觉得和你待在一起的时候特别舒服。

第五，友善。

这是一个真实的故事，一个女人在一个肉类加工厂工作，有一天，当她完成所有的工作走进冷库例行检查时，一件不幸的事情发生了，冷冻库的门被意外地关上了，她被锁在了里面，淹没在人们的视线当中。虽然她竭尽全力地尖叫着、敲打着，但是她的哭声却没有人听到。大部分工人都已经下班！在冰冷的库房里，没有人能够知道里面发生的事。五个小时之后，当她已经被冻得无法呼救时，工厂的保安员却奇迹般地打开了冷库的库门，救了她。后来她问保安，你怎么会去打开冷库的门呢？这不是你的日常工作。保安员解释说，我在这家工厂工作了35年，每天都会有几百名人员进进出出，但你是唯一一个每天早晨上班都向我问好，每天晚上下班也会和我道别的人。很多人把我看作是透明的，但你却不一样，今天你和往常一样来上班，温暖地向我问好。但是下班的时候，我却没有听到你跟我说："嗨，明天见。"于是我决定去工厂里看看，我期待和你再见，因为你的问候让我感觉到我也是一个受尊重的人。今天下班没有听到你的告别，我知道可能是发生了一些事情，这就是为什么我在每个角落里寻找你的原因!

所谓友善,就是世人皆为友,我必善待之!

第六,聪明。

首先聪明的女生很会打扮自己,而且只取悦自己,不取悦男人,爱自己胜过爱任何人!情商高,懂得撒娇,不强势,会示弱,有底线,让人会有一些忌惮,情绪稳定,没有情绪价值需求,有事业心,知道女人独立对自己的重要性,每个时期,都会有一个计划目标,并且努力地去实现这些。骨子里很坚强,但嘴上永远说着最软的话,独处时能过得很好,也不放弃人生的个人成长。任何时候都对未来抱有期待!

看起来傻,但不是真的傻,让男人觉得和你说话很舒服,觉得你好拿捏,也就是单纯,但不仅仅只有单纯!对事情要有自己的主见和看法,有深刻的内在,这个时候你的傻才更有价值,相处起来,让他们觉得你很可爱,也会觉得和你一起的生活有意思。性格可爱一点,调皮一点,这样他会有安全感、掌控欲、保护欲,没有防备心,就能激起男人对你的尊重和追逐欲。

第七,有共情能力。

会发自内心地看到别人的优点,并且擅长用语言表达出来,会肯定及感恩别人的付出。

沫沫有一天和同事聚餐,忘记调手机铃声,等她再看电话的时候已经9点多了,手机上有几通老公的未接电话,她马上回了过去:"老公,你给我打电话了?我手机忘记调声音了,和同事聚餐一聊天也没注意到现在都这么晚了,你能来接我吗?这么晚了,我不敢自己打车回家。"本来准备发飙的沫沫老公马上就去接她了,一到就被沫沫挽到身边对着同事说:"这就是我一直和你们说的,我的帅老公,他怕我一个人回家不安全来接我了,那我们先走咯。"她老公本来黑着的脸马上堆满了笑容,他们上车后沫沫也马上开口说:"老公,谢谢你这么晚来接我,你给我打电话是担心我吧?对不起没接到你电话,让你担心了。"然后她们就开心地回家了,沫沫就是做到了全然肯定别人的付出:第一,她老公给她打电话,她如果说现在不晚,我自己可以回家,我不害怕,不危险,那他就会觉得我的担心都是多余的?我就不该关心你?第二,沫沫是真的不敢回家吗?当然不是,这点他又给了老公表现和保护自己的机会。第三,沫沫在同事面前的那个介绍,是对她老公的再次肯定,她肯定了老公外形上的帅和行动上的关心,也透露出平时一直都有在同事面前谈论和表扬自己,这个时候她老公的情绪已经完全释放完了,最后他们在车上的谈话又一次肯定和感谢了她老公对她的付出。

四,经营好你的朋友圈

在信息化社会的今天,如果还只是靠慢慢地去彼此了解,未免太浪费时间,朋友圈是一个很好的让对方快速了解你并且爱上你的一个重要渠道!所以,你要经营好自己的朋友圈,用它来展现你的外形和内在!

怎么发朋友圈更有魅力，更有吸引力？

要把朋友圈当成杂志版面来经营，伟大的王尔德说过，生活就是你的艺术，你把自己谱成曲，你的光明自然是14行诗，朋友圈就是你的天然名片，怎么零成本地通过朋友圈展现自己的魅力？

所有发出去的图片（不是自拍照）一定要美，如果你不会拍照，或者没人帮你拍照，那你可以去网上找一些和你外形比较相似的人物照片。

比如一些不露脸的氛围图！然后配上自己想表达的文字，文字内容要积极向上，快乐阳光！

发一些热爱生活的，努力学习的，坚持运动的，积极工作的……就是很上进的内容，打造一个自强自立的人设的同时还能让你真的朝这个方向走！

还有发一些自己的喜好和自己认同的价值观，这样的话他在看到的同时也会去判断你们的匹配度，那后面再追你的男生大概率也是已经在内心衡量过，觉得你们很匹配的！

II. 准备与自我认知

2014年 ∨

2014，爱过…

29 12月
就知道运动鞋不能带回家，以智商忘带肯定是常态😂今天有氧只能单车了，好酷啊，这雪地靴的装备😂

28 12月
浮世喧嚣，浊尘蔽目。人若不能克己行事，持清定之心，势必早晚都会成为盲心人。行存于世悲哀…

27 12月

26 12月
plank
共2张

25 12月
20分钟自行车，20分钟跑步机，10分钟踏步机，10分钟椭圆机，100个仰卧起坐，多元化运动消耗更…

2015年 ∨

【安安谈跑步】5个感悟：①敢于开始，②必须坚持，③忘掉胜负，④享受成长，⑦没有终极。10个好…

03 11月
记忆里的秋天，阳光清朗
共4张

19 10月
我又开始了，你也加油

10 10月
停顿两个月后，今天开始慢慢找回状态，努力成就心中的自己…
共3张

10 9月
选个灵魂高贵的人做伴侣

031

恋爱之路 ||| 一步一步走向幸福的指南

2016年

炎国 纽约

26 12月
美国 旧金山　共6张

25 12月 圣诞快乐
美国 旧金山　共3张

23 12月
美国 Los Angeles...

21 12月 1980，乌干达，一个传教士握着饥饿的男孩的手。这世界上多得是苦痛与灾难，如果可以，敬畏每...

17 12月 三天雨后的晴天...
日本 大阪 大...

15 12月 안녕하세요

2017年

 跨年夜，2018一切顺利❤
共4张

24 12月 🎄今年做了个粉色圣诞树🎄 Merry Christmas
共4张

17 10月 所有的付出都值得，人生走到每一步都算数

13 9月 一个美好的对象，能激发人性中的善。姑娘
婚姻最残酷的，不是出轨，不是婆媳矛盾，而是这个……

28 8月 我如果爱你，绝不借你的高枝炫耀自己；我必须作为树的形象和你站在一起。每一阵风过，我们都...

032

II. 准备与自我认知

B，对自我需求的清晰认识

你必须要清楚你对感情的核心需求是什么，说白了就是你图他什么？只有明确自己想要的是什么样的男生，才能知道去哪里找？

我就先说三个大的类型：

1，帅

2，有钱

3，专一

想清楚自己要什么以后再接着往下看：

一，帅的男生在哪里？

1，打开你的搜索APP，找到你们那里最好最大的室内篮球馆，然后让你的弟弟、哥哥、侄子混进去打篮球，里面全是又高又帅又阳光的男孩，并且单身的很多，接下来你只需要打扮得美美的，陪你弟弟去打篮球，一周去一次，等着男生要你的联络方式就可以了！

2，加入你们当地的小众运动群，比如攀岩、潜水、射击、卡丁车、滑雪、网球，喜欢玩这些小众运动的男生，一般都还蛮精致的，你就穿好装备去参加，等着男生加你就可以了！

二，有钱男人在哪里？

我们只谈财富，不讲年龄，不看颜值。中国有钱的男人在哪里？

1，五星级酒店的健身房，头等舱，高尔夫俱乐部，确实这里应该有一些有钱人,但是特别密集的一个地点就是各地的协会。真正超级有钱的男人最集中的一个地方,名正言顺的亿万级企业家地方纳税大户都在那里,一个会场200人,20个是会议理事、20个是其他民主党派、剩下160个人都是亿万富豪。如果有一个小白美能站在那里,本身就置身于财富的海洋。

2,去参加优质的行业峰会,有上进心的人和小有事业的人才会在周末学习和参加活动。一线城市大大小小的行业活动太多了,而且行业活动的美女很少,你去了就是众星捧月。参加这种行业线下活动并不需要什么行业资历,只需要花个几百到一千的门票就能参加,但是要尽量买VIP票,因为VIP票里面有拉群,有晚宴,可以有很多机会近距离地接触很多成功男士,因为只有小众圈子才有优质的人,哪怕没找到恋人,也能遇到对你资源有帮助的贵人。

3,如果你住在高端住宅附近,就去找一个家政阿姨!家政行业,他们手里的优质人脉简直太多了,她们服务的客户基本全是有钱人,绝对不会缺少那种忙于事业的单身优质男。和她打好关系,没事就跟她聊聊天,买点水果送点吃的,一来二去后面都不用你张口,阿姨会主动给你牵线一些单身的优质男!

4,花钱去加入一些知识付费学习群,一般报这种群的八成满脑子都在想着怎么搞钱,你花个几百上千的,不但能学习到如何创业,还能接触到一帮不错的大佬。每天你在群里问些问题,基本都有大佬回答,一来二去熟了你就约出来吃饭表达感谢,记住这只是为了给你自己一个吸引他的机会,你只需要打扮得美美的,切记只能主动这一次!

三,专一的男人去哪里找?

以上这些地方都有专一男,如果你想要一个专一的男人,那么书里的恋爱方法,恋爱准则你就要认真看,严格执行,你就会得到一个专一的男人!

Ⅲ恋爱准则

1，婚姻就是改命，可能更好，也可能更差

说得现实一点就是婚姻对于多数女生来说就是一次改变命运的机会，并且这个机会是完全由自己掌握的，因此你需要至少保持80%的理性，你去冷静判断一下，你千万不要感情用事，因为它是你一辈子唯一不能选错的选项。有这么几个点，认真看完，帮你认清婚姻的真相。

第一，在婚姻中，爱情从来都不是第一条件，如果没有实际的好处，只靠爱情发展的婚姻注定是一地鸡毛的。所以我一直强调一定要重视筛选，把一切的考验尽可能地放在婚前，不要怕考验对方，不要怕检验底线，因为这是你对自己负责的必要动作，你要看他这个人是不是有责任感，是不是有担当，你还要看他的原生家庭，看他的认知是否会拖拽你，如果不行，及早划清界限。

第二，结婚改变不了任何人，婚前婚后它是两回事，即使你们婚前同居很久，也和真正的婚后生活有着天壤之别。实际上，我们都会在家庭这个相对安全的环境里去暴露自己的缺点，所以一个婚前就不合格的人，婚后他只会更糟。你不要天真地认为自己可以改变他，你这样做除了不断地去消耗自己，拖垮自己之外，是起不到任何的作用，你也不要认为不合适离婚就行，离婚绝对没有你想得那么简单，不仅是对两个人，对两个家庭都是一个致命的考验，而且还会完全改变你对婚姻的态度。

第三，婚姻要靠财力去构建。恋爱的时候你们谈的是感情，但是结婚呢？首先要考虑的是你的基础生活能不能得到保障，婚姻是两个家庭资源的一个重组，且不说柴米油盐这些日常的消费，婚后不可避免地会有一个生育问题，就是看财力。我这么说吧，世间 90% 的问题可以用钱来解决，剩下的 10% 你是可以用钱来缓解的。所以从这个角度上来看，经济实力越强，社会资源越丰富的对象才是让婚姻利益最大化的选择。

第四，谈婚论嫁，多听父母的意见。人生有很多事情我们可以越过父母，但是在婚姻上一定要听一听父母的建议。只要是爱你的父母，他是一定站在你的角度上，全方位去审视这个人值不值得嫁，尤其是如果你的父母的婚姻本来就很好，你的妈妈在选人这方面绝对是有经验可谈的。爸爸作为男人，他也是最了解男人的。假如你的父母婚姻本身就有问题，不能给你太多的帮助，那你可以去询问那些婚姻比较美满的朋友、长辈，你问问她们的建议。结婚这件事儿需要有一些外人帮你判断。

第五，你让自己有抵御风险的能力。一个家庭从来不是只有男人在担，你和他可以分工不同，但是本质上是共同为这个家庭去努力的。对于大多数男人来说，他们想要的也是一个能给自己赋能的好妻子，为孩子找一个好妈妈。所以我一直强调女性要当引领方，而绝对不是一个只依靠男人完全扛不了任何事的傻白甜。

第六，远离冷暴力的人。一个跟你爱玩冷暴力的男人，说白了就是自私，没有责任感，并且从心理学的角度来讲，冷暴力不仅很难根除，甚至还会遗传影响你们的孩子，所以冷暴力这东西我们必须要特别重视，只要对方有冷暴力这个倾向，我都建议你们一开始就把这人筛掉。

第七，保持自己的独立性。这个独立不仅仅是经济独立，还有你的认知精神，等等，即使面对子女，你也是一个独立的个体，如果一个男人让你放弃工作，放弃事业，放弃挣钱，你千万不要答应他。一个没有独立自我的人，在婚姻中往往是依附于对方的，这段关系很可能一切都是对方说了算。你在这样的关系里，你会越来越失去自我，即使婚姻出现问题了，你都没有离开他的勇气。正确的做法是什么呢？你把婚姻当作一个自我成长的起点，专注自己的事业，独立成长，没有他你依然可以过得很好。有没有人爱你不重要，重要的是你要一直自己爱你自己。

婚姻可以说是这世界上最复杂、风险最高的事儿。所以我一直建议所有的女生，步入婚姻一定要保持高度的理智和清醒，被人说现实一点都不可怕，选择和什么样的人在一起，可以说是女生一辈子最重要的决定。婚前，哪怕你虚荣一点，多思考自己能从这段关系里获得什么实打实的利益，也好过头脑发热，最终困在婚姻这座围城里面。毕竟婚姻还有一个真相，就是进去容易出来难。

2，如果你出身普通，长相一般

不要过早结婚，如果你毕业的学校普通，家境普通，结婚只会让你更加普通，你想要改变自己的命运，就不要轻易结婚。也许有人会说，那不是也有很多普普通通的女孩嫁入豪门的吗？的确有，但那就需要你能接受婚后过着连要个生活费都得看他脸色的日子。我不只是帮你恋爱，帮你结婚，而是要你有更高的追求，在你普通的时候，婚姻一定会延缓你的人生脚步。

想尽一切办法提升你的外形，胖的就赶紧减肥，皮肤不好的就赶紧去挂皮肤科，不会打扮就关注一些穿搭博主，去找到自己的风格。气质好的女生真的容易获得更多的资源，而且赚钱都比较容易，尤其在职场，长得好的女生工资往往会拿得多，但气质好，不是天生的，是你可以通过穿着、读书和自律改变的。一个女生长得丑，形象邋遢，原因只有一个，就是懒！

女生拉开差距的原因，并不是你的智商能力，而是平台，资源和认知。家境越普通平凡的女孩就越要铆足了劲儿学会包装你自己。社会上大部分跟你非亲非故的人都是趋利避害的。你可能觉得你的真实，你的谦虚是无心的，慢慢你就会发现，大部分人都是肤浅的，是看不到你的谦虚的，他们只会觉得你是真的无能。所以，普通女孩进入社会，想赢的前提是要先学会避短。自己的原生家庭不好，家里重男轻女，自己有哪些缺点，这件事儿都烂进肚子里，哪怕是你认为关系好的同事，闺蜜或者刚在一块的男朋友。

笑笑，家境普通，她和前男友分手是因为对方劈腿自己的朋友，但是她和现任在一起之后，她只说自己好的部分，比如说虽然家境普通，可是她 20 多岁，爸爸做了鱼之后还要给她挑鱼刺，前男友各种节日的礼物以及平时的浪漫表达一样不差，她只说这些，给他的男友营造自己其实是一个备受宠爱的小公主这样一个人设，其实她也没有骗人，只不过是合理的让他的男朋友觉得对她好是理所应当的，因为别人都这么对她，看到没？这就是人性，别人会根据对你的了解，在心里对你预先有一个预估的价值，然后选择对待你的方式。所以你把你自己的短板告诉别人，其实没有任何的好处。别人真的会因为你的苦难而心疼你吗？不会！只有距离和价值会让人产生敬畏感，在你的价值不足够之前，要学会扬长避短，通过保持距离和神秘感来保护和提高自己。

3，分手的真相

先说一个关于人性的真相，可能有点扎心，就是分手之后，你真的以为你所有的不甘心都是因为你还爱他吗？其实不是的，分手之后你所有的不甘心和执念都是来于自己的私欲。这么说吧，如果你跟男朋友分手了，这时候你的偶像跟你表白了，你还对前任念念不忘吗？肯定不会啊，是不是你只会高兴，幸亏你男朋友跟你分手了，不然你怎么得到偶像这么好的男朋友？人其实就是这样的，没有谁会放着更好的不要，嘴上说的不甘心，放不下，无非就是没有找到更好的下家。但是，你可能会反驳说自己爱的就是他，说实话，你真的以为自己爱的就是那个人吗？其实，不是的，你爱的只不过是自己的感受。成年人的爱情真的没有那么多爱和不爱，有的只是权衡利弊罢了。为什么你会把他看得那么重要？你有没有想过这个问题？其实说白了就是你从他身上占到便宜，虽然这个便宜可能未必是他送你多贵重的礼物，或者是对你有多好，可能只是让你占感受上的这个便宜，对吧？什么是感受上的便宜？比如说，这个男生很温柔，你跟他在一起以后肯定会感觉很幸福，或者这个男人事业有成，你觉得带出去很有面子，一定会被别人羡慕，但是事实上这些都是你臆想出来的，他未来到底是什么样谁也不清楚，你能保证他之前的温柔都不是伪装吗？又或者他事业成功之后，婚后就一定不会出轨吗？所以很多时候你放不下对方，觉得没有他就活不下去了,很大程度上都是源自于你的幻想,你放大了他的优势,你觉得他非常完美,但真相是什么?没有人是完美的,你觉得自己失去了宝贝,但是他可能什么也不是。所以分手之后不要有那么多的不甘心和执念,你要理性地去看待分手这件事儿,因为有的时候分手可能都算不上是一件坏事儿,原因有两个:

第一,分手能帮助自己成为更好的自己,相信很多分手之后不甘心的人,都尝试过去挽留对方,为了能够跟他和好,改掉自己身上所有糟糕的毛病,你自己的坏脾气,懒惰,自私,可能最后你们还是分开了,但是这个过程你收获了一个更好的自己,你懂得了克制,也学会了忍让,不再动不动就发脾气,而是学会情绪稳定,从一个只会作天作地的小女孩儿变成了一个更加成熟理智的女人。而这一份改变,在那些相对成熟男人眼里,你就是自我价值的提升。可能你现在都没有意识到,但是慢慢你就会明白,这其实是让你走向情绪成熟的第一步。把一切的经历都当作学习,当成一种经验的积累。这个时候你会发现自己的格局打开了,之后做事就会越来越顺,人一辈子其实挺长的,有因就有果,你的前半生所经历的一切,实际上都在为你后半生去铺路,所以不要陷入一时的困境,要相信那些杀不死你的终将使你强大。

第二,我一直说分手是老天在帮你选男人,什么意思?就是你看人自有你的一套,动不动就因为男人的小恩小惠迷失了自己,要学会加理性地看待和思考,这个男人身上到底有没有你想要的价值,这些价值又值不值得你包容和忍耐?两人在相处的过程中遇到各种各样的问题和矛盾,没有谁和谁是天生一对,任何两个人在漫长的相处过程中都会出现矛盾和不合适的地方,你要做的就是看清楚,去衡量矛盾,不合适的地方,你是否有这个耐心去跟对方沟通和理解,如果不能,趁早筛选,及时止损。千万不要因为舍不得之前的付出而继续去投入,这样一来,你的沉没成本会越堆越高,最后让你自己深陷其中,不能自拔。

所以分手是老天在帮你选男人,适合你的,真正爱你的自然会留下来跟你一起克服之前所有的困难,而不爱你的走就走了。当你真正明白这些的时候,你突然就发现你不再将爱情理想化了,而是要更懂得爱自己,那其实就是分离和痛苦的意义,因为这些东西催化出了更好的你,也让你今天看到了我的这本书,好,振作起来,那个对的人马上就会出现了!

4,什么是对的伴侣

一,你要明白,找对象最重要的不是外貌,而是先看人品,如果你觉得这个人人品很好,才能跟他往下进一步相处。

二,这个人会主动、持续地为你投入,无论是金钱也好,或者是精力也好,也就是说,在时间上和精力上,他都愿意为你主动地付出,而且是持续的。至于这个付出的比例,就

恋爱之路 ▍ 一步一步走向幸福的指南

要看哪部分是他的稀缺资源了。简单地来说,一个有钱的人,让他多给你付出时间;一个时间很充裕的人,但是没什么钱的,让他给你多花钱,这是基本的底层逻辑。

三,这个男生,他对你有最基本的尊重,这是什么意思?

他不会打压你,否定你。吵架之后不会晾着你,不会冷暴力,这个男生的性格要好,他对你的包容度要强,他本人有控制情绪的能力,比如你们吵架的时候,他知道处理问题而不是发泄情绪!看到你情绪不好的时候,他会主动地来安慰你,而不是被你的情绪裹挟!

四,就是你和他之间的情感关系一定是公开的,他愿意主动地把你发展到他的社交圈子里面去,主动带你去见他的家人,认识他的朋友,而且他希望周围的人也认识你,认可你,这就代表他把你规划进他的未来了,而且他对于你也是比较坦诚的!

五,他会跟你一起聊到未来的事情,比如他对未来生活的憧憬?事业的发展方向?什么时候结婚?买哪里买房子?什么时候要小孩,生几个?谁来带,等等,只有他把你规划进未来,他才会有和你发展未来的这个真正的意愿。

5,远离让你廉价的男人

某一个名人说过一段话:"等我的女儿长大了,我会告诉她,如果一个男人心疼你挤公交,埋怨你不按时吃饭,一直提醒你少喝酒伤身体，阴雨天嘱咐你下班回家注意安全，生病时发搞笑短信哄你，请你不要理他，然后跟那个可以开车送你，生病陪你，吃饭带你，下班接你，跟你说，破工作别干了后就真的甩出一张银行卡给你的男人在一起。"话虽夸张，但理不糙，真正爱你的人，把爱落实到行动里，别说什么你有多爱我了，谁爱自己，我们比谁都清楚。

这个名人还说："如果一个女孩老碰到渣男，那只有两个字，活该。"为什么？她继续补刀："物以类聚，人以群分，苍蝇不叮无缝的蛋。"这句话虽然说得有点狠，但不无道理，用一种温柔的话来诠释，便是伊能静的建议了，她说："女孩20岁的时候就应该拼命去体验人生，往死里宠自己，上课、旅行，拼命打扮自己，把自己养得如花似玉的。你对自己越好，哪个男人对你不好，你一眼就能分辨出来了！"

《人民日报》也给出了要判断一个男人是不是真的爱你的标准。女生应该把对男生的心动点放在是否尊重女性，有清醒的个人规划和目标，不受原生家庭的溺爱，可以带动你成长，而不是低质量的吃喝玩乐，嘘寒问暖，早安晚安。

毛姆在《面纱》中说过，这世上的傻女人总以为这世上的男人都痴情地爱着自己，但实际上并不是那么回事。所以他在书里说能治愈女人的，从来不是什么好言相劝，当头棒喝更有效。这本书已经百年了，它带来的价值观和经验教训之深刻，至今被无数女性所珍视。书里说，不要因为对方的几句嘘寒问暖，动听的甜蜜情话就开始动心沦陷，觉得他好喜欢你，如果他熟练地这么对你，或许因为曾这样对待过别人，如果因为爱情而抛弃所有，丧失道德，记住，那不是爱，而是性欲罢了。

6，远离身边那些烂人，哪怕你会付出一定的经济代价

巴菲特在今年的股东会里面这句话刷屏了，那我们怎么知道什么样的人是烂人呢？我听到有一个老师说，把人分成两类：一类是黑洞，一类是发光体。什么意思呢？就是有一种人，你跟他相处的时候，你的内心会感到温暖，你跟他聊天的时候，你的内在会充满了力量，你会感觉到天特别的蓝，水特别的绿，这种人呢，叫做发光体。但是有另外一种人，你跟他没说几句话，你整个精气神就没了，他就像黑洞一样，把你整个人的能量会吸走，你跟他聊完天离开他的时候，你会发现整个天都是灰暗的，完全这无精打采的样子，整个人都提不起精神，这种人呢，就称为黑洞。这两种人有什么区别呢？两个点：发光体的话呢，他会留意你的优点，什么叫优点？就像母鸡会下蛋，母鸡也会拉屎，他会欣赏母鸡下的蛋，而不会盯着母鸡拉的屎；但是黑洞刚好相反，他看不到母鸡下的蛋，他只会叮嘱母鸡拉的屎。所以你在发光体的面前，你全是优点，你在黑洞人的面前，你全是缺点。当你长期在黑洞人面前的时候，总有一天你会得抑郁症，你总是活在一个让你心寒的人身边，你的心理也会得病。所以这是第

一个点，就是他的焦点，是在优点还是缺点上。

第二个点，是对事还是对人。我们经常说我们是对事不对人，并且以这个为标榜，其实对事的人就是黑洞，而对人的人呢，才是发光体，什么意思呢？我们来看这么一个场景，假设有一天你在厨房里忙着，你的孩子在客厅里玩，突然间你听到啪的一下好像打碎了某些东西，你擦擦手，出到客厅一看，发现你的孩子把一个花瓶给打碎了，这个时候你是对事还是对人呢？有一些妈妈是对事的：有没有搞错，这个花瓶花了3000多买来的，你怎么把它打碎了啊？你怎么那么调皮，叫你不要乱动，你还是乱动，你看她的焦点在哪里？在花瓶，这是对事，那如果这个孩子感受到妈妈的焦点在花瓶而没有在自己身上，他心里会什么感受呢？他心里是寒的。但是一个对人的妈妈就不一样了，她看到花瓶打碎了，她第一个时间拿起孩子的手说，宝贝，把手给我看看有没有伤到手，你看这是关心人，一个孩子被关心到的话，他就会感到温暖。所以黑洞关心的是事，而发光体关心的是人。有句话说，大多数人会关心我飞得高不高，但是很少有人关心我飞得累不累。所以能够关心你累不累的那个就是发光体，关心你飞得高不高的那个就是黑洞。看看你身边有没有这样的人，他只关心你做的事，不会关心你这个人，他只会盯住你的缺点，他从来看不到你的优点。如果你身边有这样的人，这就是典型的黑洞，最好远离他，哪怕像巴菲特说的，你会付出一定的经济的代价。但如果你身边有一些关心你这个人，又能够

恋爱之路 ║ 一步一步走向幸福的指南

看到你优点的人,请你尽量靠近他,因为这样的人会温暖你,让你一生感到幸福,你会充满了力量。

在感情里,一个人开始倒霉,一定是跟一个自私的人纠缠在一起。大家要明白,自私的人无论男女,骨子里是自带NPd人格的,这类人大部分只会在他状态好、心情好的时候才会注意到你,才会让你感觉一点点甜。看似没什么,但相处久了,你一定会发现他给你带不来任何能量,他在你身上吸取能量,说白了,他只能接受你的好,不能接受你的任何不好。没有人天生无棱角,每个人都有自己的缺陷,道理他们也懂,但他们不会接受。两个人一旦遇到问题,他翻脸比翻书还快,哪怕是他自己脑补的问题。可你想的是解决问题,你觉得该道歉道歉,该认错认错,实在解决不了,用爱去包容,可在他那里只有一个标准,就是你必须按照他的模式去解决问题,解决不了,你一旦没有了价值,他就想着解决你。

自私的人还有一个非常大的贡献,就是他能对你好的前提永远是先要核算成本,控制成本。比如他们的情绪反复无常,前一秒还好好的,可能下一秒就因为你一句话或者晚回消息,就会让你体验什么叫做内耗,什么叫做患得患失,什么叫做忽冷忽热,让你感受爱与不爱之间的反复拉扯,你压根就摸不到他,猜不透他,而且他给你解释得还条条是道,他永远是委屈的状态,你可能就会怀疑自己是不是哪里做得不够好,你开始小心翼翼,你开始谨慎对待这段关系。

Ⅲ 恋爱准则

没错,这就是他想要的状态,他就是要抓住你这种心理,才能对你为所欲为,不会顾及你任何感受,开始对你有各种要求,就是要给你灌输世人不能接受的扭曲三观,控制你,贬低你,打压你,无非就是让他这些自私行为能够合理常规化。我知道你可能被压得喘不过气来,想以冷落、断联、假分手的方式去维权,想让他有所改变。告诉你,别做梦了,想都别想,因为你会发现他会比你更狠。

对于一个极度自私的人而言,任何关系中,他首先考虑的不是喜不喜欢,爱与不爱,是考虑你的存在是否有利于他,服务于他,取悦于他。如果不是。喜不喜欢,爱与不爱,有没有你在他那里毫无重要。大家真的要清楚,在自私的人的眼里,你相当于工具,满足不了他的需求,用不顺手的工具,你就会被当废品处理,而且还是不可回收的那种。

7,用对方法谈恋爱

不要过度关注他的生活,也不要瞎想,别管他对你有没有分享欲,他不想说,你也别追问。爱情不是要来的,是靠相互吸引。

不要依赖他人,不管感情还是生活,不要对别人抱有不切实际的期待,不要把自己的未来同对方捆绑,既要有敢爱的决心,也要有敢离开的勇气。

不要过度分析,反复揣摩一件小事会让你不断地放大自

恋爱之路 ┃ 一步一步走向幸福的指南

己的痛苦,觉得自己很弱小。

爱是价值交换,对方给你提供什么价值,你又能给对方什么?不是你不好,也不是他不好,只是现阶段供需不匹配,无法达成价值交换,仅此而已。

你要认真工作,认真生活,认真读书,认真爱自己,这里的每一件事情都够你忙的,别整天揪着他不放。

不要在意他回消息的速度慢,成年人都会有自己忙的时候,都有自己的工作和空间,盯着他不如做好自己手头上的工作,然后再给自己找点乐子。

不要轻易暴露自己的需求感。你要明白,所有的美好背后都有筹码,不是以我们的意志为转移的,而且不是我们要别人就会给。经常暴露自己的需求感,很容易患得患失,会不自觉地放下姿态,逐渐变得不自信。如果你一直保持低姿态,对方潜意识就会觉得你配不上他。

学会接受,做好自己。你可以不爱我,我能接受,虽然我爱你,但不影响我离开你后有被其他人爱的魅力。

最高级的能力是自洽而内求。爱不爱我无所谓,爱到什么程度无所谓,放不放得下前任初恋无所谓,我只关注你身上是否有我想要的东西,愿不愿意跟我在一起的时候,把我想要的给到位!

不要让沉没成本影响决定,未来当你真的在生活中不快乐时,无论是亲密关系、工作或是任何事,如果用尽全力都无法解决,要尽可能的快速改变,不要让沉没成本影响我们的决定。

不断扩大自己的眼界,当你看过广阔的世界,接触到不同的人,你会对自己有更多的认识,会找到不曾注意的兴趣,知道自己的长处和短处,你会发现你过去认为很重要的东西,其实也没有那么了不起。

8,在爱情的世界里只有一条路可以走

所有人都希望我们在约会的最初阶段能够更加坦诚,或者直接约男人出去,但这样做绝对不行。觉得男女应该完全"平等对待",实行 AA 制,甚至采取互不相欠的方法,你待我怎么样,我就要待你怎么样,这也是不现实的。在爱情的世界里,只有一条路可走:男人应该喜欢并追求女人。别的方法统统不行。

当然,这样确实让人不舒服。男人难道就不能慢慢喜欢我们吗?要是我们表现得咄咄逼人,表现得太依赖男人,在男人面前毫无神秘感可言,对方可能就会对我们失去兴趣?

现实主义的姑娘们接受男女之间的差异,虽然不喜欢,但她们还是会按照恋爱准则坚持下去,因为她们喜欢随之而来的好处。

当然,有些女孩会对我接下来的内容嗤之以鼻,这些内容是给那些希望在感情上有所斩获的女人,她们只想结婚!

接下来我要强调不能由女生追求男生,原因很简单,因为这很难行得通！

过去，许多女人结婚的是为了搬出父母家。女人在经济上必须依靠男人，一旦结婚后，大部分就会成为全职太太，全职妈妈。

如今的女性，许多人在财政上都不用依靠男人。她们能够买得起房，买得起车，有钱去度假，买得起高档衣服，衣食住行的物质享受一样不落。她们甚至可以独立抚养小孩。再不需要男人让她们搬离父母家，或者过上舒心的生活。尽管如此，她们的生活中还是需要男人，成为她们的伴侣、朋友、爱人，成为老公，成为孩子的爸爸。没有男人，她们也能过好，但她们仍然渴望婚姻，想要小孩，希望在感情上找到归宿，现在她们的问题是如何结婚，如何找到靠谱的感情。女人可以从谁身上得到恋爱方面的建议，又能得到怎样的建议呢？很多人倒是能和自己的妈妈聊一聊，但有时候也不好开口。而且，有些妈妈自己过得也并不好，或者干脆不懂两性，只知道劝女儿早点结婚生孩子，然后会出一些糟糕的意见，我就遇到过一位妈妈，出钱给她女儿和女儿的男友租房同居，因为那个男孩的爸爸妈妈是这位妈妈的生意伙伴，男孩看起来也很优秀，最后的结果是两年后她女儿还没能进入婚姻，妈妈带着女儿来向我求助！

而她们周围的女性朋友，受当下风气的影响，也是出于一片好心，会建议："既然喜欢就打电话约他出来啊，反正被拒绝也没什么损失？"

Ⅲ 恋爱准则

但是,我的建议是:

1,如果你不给他打电话,那么他心中的欲火就会燃起来,打电话给你!

2,如果男人接受你的求爱(他自己从不主动),也许他会约你出去,甚至听从你的建议向你求婚,但将来他迟早会对你感到厌倦,对你的态度也开始敷衍。

3,不管你爱不爱听,无论是从感情上,还是从生理角度考虑,男女还是有区别的。从生理学的角度来说,男人天生是侵略者。他们喜欢挑战,比如,他们喜欢炒股,喜欢看球赛,喜欢驾车……而女人渴望安全。

男人为了一段成功的感情必须付出努力,也就是说必须由男人追求女人!

女权主义可以在事业上帮你取得进步,财政可以独立,在事业上你可以积极主动,但是感情上不能!你要知道在两性关系里如何设定界限,可以假装清高,这里的清高是教你真心面对自己,这是自爱的表现,而不能男人给你什么,你统统来者不拒!

婚恋指南里的恋爱准则会让他慢慢爱上你,将你奉为掌上明珠。他也不会想当然地对待你。每次都会倍加珍惜给你打电话和跟你约会的机会。他从来不会觉得被你困住了手脚,或者是在压力下娶你的,因为当初打电话、追你、向你求婚的都是他。

这样进入婚姻的你肯定是幸福美满的。而你遵循准则收获的老公肯定是你生活中的完美伴侣。他们是体贴细心的好老公、好爸爸。他们会帮孩子换尿布，帮孩子补习功课，计划全家人一起旅行。

总之，方法很简单也很管用！

9，男人为了一段成功的感情必须付出努力，也就是说必须由男人追求女人！

假如你们是从线上社交平台认识的，那么这一次也是唯一一次需要你主动，要尽快地约见面，你可以约对方出来喝杯咖啡，为什么这个时候需要你主动？因为线上的人一定要见面才能知道他的真实性，异国、异地的可以视频通话。那些不愿意出来见面的都是骗子，直接删掉！所以只有这个时候是你主动的。

约咖啡我们叫它咖啡时间，你可以把咖啡时间安排在工作日的中午或晚餐前，就近在公司附近找一个咖啡厅，自己先点一杯咖啡，对方来了以后迅速判断有没有眼缘，要不要继续？如果没眼缘十分钟之后就说："不好意思，领导现在在找我，我得回去了，下次再见哦！"态度温和地说完直接走就好！如果你觉得他还不错，那么就继续和他聊一会，记住一定是他说你听，不要害怕冷场，男生在约会里应该负责找话题，你只需要表情开心地去听，偶尔附和就好，因为约会的目的是去了解他，只有他多说你才能了解更多！不管对方多么让你上头，咖啡时间必须控制在30分钟，你可以提前定好闹钟，时间到了就很客气地和他说："时间过得好快，我还有工作，我得先走了，特别开心认识你，下次再见哦。"

我们的乐萱，中午一个多小时的时间，她会约两个男生，在不同的咖啡店，咖啡时间是让你们多去接触，量能起到质的变化！

接下来就不能再主动了，男人为了一段成功的感情必须付出努力，也就是说必须由男人追求女人！

即使你不是美女，大学毕不了业，或者跟不上时代的潮流，这些都没关系。你得相信自己！比那些拿着MBA学位或者家财万贯的女人更有信心。你不会卑躬屈膝，不沮丧，不焦虑。你不会跟不喜欢你的男人约会。你相信天道酬勤，世界上好男人多的是。如果没有碰到理想伴侣，那下一个一定更好！你不会满足现状，不会奢求他人。你不会用性来引诱男人爱你。你相信爱和婚姻。你从不会愤世嫉俗。要是一段感情没有修成正果，你不会就此沉沦。你反而会精心打扮，开始另一个约会。你是个乐天派，你会擦干眼泪以免弄坏妆容，然后继续前进！当然，这也许不是你真实的感受，而是你伪装的，但久而久之，伪装的感觉也会成真，你的行为也会随之改变。

咖啡时间后，他要么喜欢你，要么不喜欢你，如果咖啡时间后的三天他都没联系你，那么第三天晚上睡觉前就直接删掉他，没什么可惜的，他就是一个玩家。

我们的朋友丽丽遇到一个让她心动的男生后，确实也控制住了自己，没有主动去联系对方，但是咖啡时间结束后的第五天她才收到对方的约会邀请，这个时候她把三天男生没联系就得删除的事情完全忘记了，结果在一年后发现对方有家庭，而且这个时候她已经在对方公司里买了几十万的理财产品，我说这个案例出来就是希望你们能够记住三天这个时间点，真正喜欢你的正常男人是忍不住三天不联系你的！超过三天要么已经有主了，要么就是同时发展好几个，要么就是看了几天实在没人约才又回头找你！

如果他在三天内联系你，你也想继续和他发展，那么接下来你们就可以进入下一个约会阶段，注意他的约会邀请不能是临时的。

不要接受男人临时起意的约会。现在，男人通常喜欢在认识女人的当天晚上或者第二天就约女人出去。而且女人因为担心这可能是那个星期最好的机会，通常也会同意男人在最后时刻临时起意的相约。但男人如果将来真想娶你，绝不会等到最后一分钟才约你出去。事实正好相反，他会很体贴，考虑周到，会担心如果他不提前五天约你，他可能要等一个星期才能见到你。他如果真爱上你的话，一个星期的时间对他来说简直就跟一辈子一样！

当然啦，男人有时并不知道他们不应该在星期四或者星期五晚上打电话给你，约你星期六晚上出去。有的女人也会

Ⅲ恋爱准则

接受他们最后时刻的相约，这么做等于把他们都宠坏了。最理想的做法是，他应该在上一次约会结束的时候和你约下一次约会的时间，或者在星期一、星期二联系你安排星期六晚上的约会。周一到周五你只安排咖啡时间的约会，把第二次见面的约会都安排在周六、周日，因为周六日能出来约会的人，说明他没有更重要的需要维护的关系，而你在工作日时间又能见到更多的人，这个时候完全没必要为了一个不了解的人就放弃整片森林，这么做你就能成为他心中最重要的人，他早上起床的第一件事就是想你，根本等到星期四才约你？

如果男人不早点儿约你，从中也能看出他对你的感觉。你得拒绝他在星期三晚上打电话约你周末晚上出去，这也是鼓励男人早约你的最好办法。希望他能明白你给他的暗示。这可不是在玩游戏。你是一个很优秀的女孩，不可能什么都不干，一直等他星期四或者星期五才安排自己的其他约会。周三晚上还没有收到他的邀约信息，你就要开始安排周末的其他活动了。

如果他在星期四约你："亲爱的，星期六晚上有什么安排？"你最好礼貌地拒绝。试着以尽可能甜美的声音这么回答："噢，对不起，但我已经有安排了。"即使比起跟你的闺蜜出去，或者跟一个你不那么喜欢的男人出去，你更想跟他去约会，也要忍住说："但我星期一有空。"态度一定要好，但一定要斩钉截铁地拒绝。而且你还给了他一个下次见面的时间，周末你去做什么就不用细说了，因为这事儿并不重要。

057

重要的是你传达给他的信息,即:如果你星期六晚上想跟我出去,那你必须在星期一、星期二或者星期三提前约我。

  陆离在星期四晚上打电话给我们的朋友安娜,安排星期六晚上的约会时,她立马就同意了。这等于起了个坏头,后来陆离每次约她,都是在最后时刻才给她打电话。尽管他们谈了几个月的恋爱,可陆离并不会经常想起她,安娜也一直为这段感情患得患失,因为她一直都不大确定星期六晚上是否能见到陆离。所以,不要只顾眼前,要更在意的是男人的行为表现,确切地说,是你允许下的行为表现,男人在追求你的时候必须拿出绝对的主动。如果他在最后一分钟才约你,那他在其他方面也会对你漫不经心。所以我们才不接受临时起意的约会。男人在十分钟之前给你打了电话,然后马上就来找你,这样的约会看起来很美,但是,既然你那么忙,又不想让他轻易得手,那十分钟不到就去见他怎么行?如果你真屈服了,这个男人今后会像对待十分钟就能追到的女人一样对待你。不过,你也要记住,拒绝的时候态度一定要友好。不要有消极的想法:"这人只会在想见的时候给我打电话,看来他不怎么想我。"或者态度坚硬地说:"不行,我现在正忙着呢。"然后砰的一声挂断电话。也许对方根本不是这么想的,你只需要甜甜地说:"哦,恐怕不行,我要是没这么忙就好了!"然后叹口气挂断电话。他很快就会意识到你只是希望他早点约你。千万别怕这样做男人就不再追你了,如果他再不打来电话,也只能说明他就是想随便约约你。

千儿就是这样把渣男过滤掉的，在一次聚会上，千儿认识了一个不错的男人，聚会结束男人送千儿回家，再往后的几天男人天天发消息给她，让千儿感觉到了男人满满的追求信号，周五晚上那个男人约千儿周六见面，千儿当然知道该怎么做，她拒绝了男人，并告诉对方周一自己有时间，然后周一的晚餐约会也都是顺利进行的，但是男人对她的邀约就都总是临时的，三次之后千儿就觉得这个男人不行，然后开始重新去认识新的男生，后面也就没在和这个男人见面了。几个月后，从朋友口中无意聊起来才知道，那个总是临时邀约的男人有老婆，所以大胆地拒绝临时邀约你的男人。那种："嗨，今天下午想去看电影吗"的邀约可能是因为对方太无聊了，也可能是他真想追求的女孩当天太忙。他没有事才约你，也没有想了你一个星期，他并没有把你们的约会看得多么重要，就好像到一家非常高档的餐厅需要提前预约一样。

我们经常听到有些所谓喜欢顺其自然的女人，接到男人的相约后会 24 小时都在一起。我们祝这样的女人好运。如果男人知道他被上一任女友一脚踹开后五分钟就能找到你，他约你也只因为他寂寞、无聊，而不是因为他疯狂地爱着你。如果是这样的情况，我们必须提醒你注意：你们的感情不会持久。那些崇尚自由的人可能会反对我们的说法，但我们相信，如果想要一段长久的感情，那就得像对待工作一样对待约会，遵循各种"规章制度"。比如，不管你心情如何，你都必须朝九晚五地工作。你们必须潜移默化地训练男人提前跟你一起制定计划（因为在男人眼里，你捉摸不定，工作忙碌，生活幸福）。默默地给他们暗示，这些其实他们是懂的。如果你让他们太容易得手，他们肯定会利用这一点，那你也别指望有段美好的婚姻了。

我们发现，如果你对某个男人神魂颠倒，就会觉得等待约会的日子特别长，特别折磨人。但你得记住，你千万不能每次他想见你，你都来者不拒，这样他有可能对你厌烦。如果你的方法得当，他自然会得出结论，如果他想见就能见到你，唯一的办法就是把你娶了！

好，接下来，你在约会前会精心打扮，然后翻翻这本书，在心里喊出积极的口号"我是个迷人的女人，我漂亮，我已经足够好了"，然后轻松赴约，不去纠结别的事，享受当下，你要表现得很冷静。你会让他慢慢了解你，而不是急于了解对方，你回答问题时简单明了，轻声细语，柔情万种，充满女人味，表现得自然，轻松，不会一惊一乍，扭捏做作，不要含情脉脉地注视对方的眼睛，你应该低头看看桌子或面前的食物，或者只是打量一下餐馆里的人群。你最好表现出一副只对生活、他人、周围的环境或墙上的油画感兴趣的样子，至于眼前的这个猎物，你得冷淡他。如果你老是盯着他看，他就会觉得信心满满，自我感觉良好。你要控制自己，让他整个晚上都变着法儿地想吸引你的注意力。

在约会中，最难把握的地方就是该聊些什么。该聊一聊天气还是政治？你应该表现得知性一点儿还是小女人一点儿？你要是明智的话，就应该保持冷静，倾听一下他在说什么。跟着他的思路走，如果他想聊一聊夜店的话题，就告诉他你去过哪几家，或者喜欢哪几家。我们可不是要让你当个没脑子的花瓶。恰好相反！这样做，会让对方觉得你很容易相处。恰当的时候，你要让他知道你了解时事，兴趣也很广泛。

刚开始和男人约会时，不要和他谈论你在工作或生活方面遇到的问题。

当然啦，约会时总会遇上冷场的时候，双方都不知道说什么好。这时，你大可不必去打破这种沉默，否则，你可能会说些不着调、不自然的话。有时候，男人还就偏偏喜欢沉默不语。就随他们去吧，兴许他心里正寻思，将来有一天该如何向你求婚。你犯不着去分散他的注意力。

你也不必觉得要主动去活跃气氛，也别指望整个谈话都妙趣横生。他会认为你太做作。你只管坐在那里就行！请记住，男人爱的是你的内涵，而不是因为你说了什么话，就爱上你了。如果真要谈点儿什么，男人会绞尽脑汁找话题，对你大献溢美之词，接二连三地问你问题，看看能不能使你对他感兴趣。此外，大多数男人不喜欢喋喋不休的女人。

我就认识这样一位男生，他被女孩的外貌所吸引，但是见面后就不再联系了，就是因为整个约会中女孩都在喋喋不休，甚至连她恋爱过几次，上个男朋友为什么分手都能聊到！作为女孩你可以喜欢聊天，可以喜欢聊感情上的事。但是拜托，你现在是在约会，如果你喜欢他，就请矜持点，安安静静地待着,如果他对你印象也不错,就会很想知道你在想什么?还会觉得你很神秘。等约会结束你可以打给闺蜜,聊几个小时都行!

头三次约会你要做的就是到场就行了,放松心情,假装你只是在某部电影里友情客串的演员。亲切点,保持愉快的心情。他开玩笑的时候你就笑,不过不要笑得太夸张。经常保持微笑,你们的谈话中断时,不要觉得有义务填补谈话的空歇。总的来说,你不要表现得太过矜持,但是,也不能什么都说,你得灵活一点,学会随机应变,如果他不苟言笑,那你也保持安静。

总之,所有的事情都应该由他来完成:选择哪间餐馆,开门,为你拉椅子。你自始至终都要表现得若无其事,像是你已约会无数,这些都是再普通不过的事儿(即便你已经多年没有约会了)。如果你非得想点什么事情,那就想想你那个星期跟另一个男人约会的情形。你应该总是尝试跟别的男人约会,这样就不会在一棵树上吊死了。

接下来,必须由你结束约会,尤其是在你喜欢他的情况下。两个小时后你可以看看手表(适用喝饮料的约会),或者在三到四个小时后(适用吃晚饭的约会),你可以轻轻叹口气,说:"这次见面很开心,不过,我明天特别忙,现在就得回去了。"至于你要做什么就不必告诉他了。那并不重要,也不关他的事儿。

如果你真的对他有意思,想嫁给他,你们在一起也很开心，先结束约会肯定不会那么容易。不过，你必须这么做，因为这种欲擒故纵很有用。约会结束的时候，如果他想更多地了解你，他完全可以第二天给你打电话，或者当时就可以再次约你。根据我们的经验，男人在开始的时候希望经常见到你，甚至每天都想见你，但他们可能很快就会对你厌烦。所以，只有把握节奏，他们才会继续迷恋你。

第一次约会结束后，千万不要邀请他到你家去，也不要答应去他那儿。毕竟，这个时候，他仍然是个陌生人。这不仅可以保证你的安全，而且没有违反恋爱准则。这样才会杜绝各种有可能出现的问题。如果这人是你在酒吧或者聚会上认识的，这些准则同样适用。无论什么理由，都不要上他的车。

接下来，他要么爱你，要么不爱你。如果他不再给你打电话，也不是你的错，你内外兼修，就算他不爱你，也有大把的人爱你。你只需要继续去约会就好了！

10，约会时是男人去你方便的地方，不能半路见面

男人喜欢挑战——所以他们才喜欢各类体育运动，喜欢打仗，喜欢突袭。如果你让他们觉得你太容易得手，那你死定了。

如果一个男人想约你出来见面，你千万不要对他说："其实我正好想去你那儿。"

他约你至少也要提前两天，也就是说他想和你周五一起

晚餐，那他需要在周二晚上之前就约你，要是电话在周三打来，你只能温柔地对他说你有约了，他应该重新安排自己的时间围着你转，想方设法去追你才行，朋友和同事可以半路见面，男人必须去女生所在的地方接她约会，去什么餐厅或者去哪里让他去想，男人如果为了见你费尽心思，他反而越来越起劲，别扫他的兴！

沐晴在咖啡时间遇到了一个心动的男生陆问然，咖啡时间后的每一天陆问然都会给沐晴发微信，但是一直没有给出下一次见面的邀请，沐晴是知道恋爱准则的，所以她虽然很想和陆问然再次见面，但是也控制住了自己，没有主动约他，直到周五，陆问然的邀约微信才出现，他希望周日能和沐晴一起吃午饭并看电影，沐晴当时开心极了，本能让她想马上答应邀约，但她深知这套准则，男人想和你约会必须提前至少两天做出安排。

于是她们的对话是：

沐晴：虽然我很想和你见面，可是后天我已经和朋友约好了去看话剧，下个周末我没事，我们再约呀。

陆问然：看话剧啊？我也蛮喜欢的，方便一起吗？

沐晴：都是女生，不太方便哎，不过我可以看完和你分享！

陆问然：那我明天接你呀，给你当司机！

沐晴：哈哈哈哈，不用了，谢谢你呀，我们下周末见啊！

陆问然：好的，那下周六我来接你去吃XXX，然后看电影啊。

沐晴：哦，对了，下周六我只能和你一起吃午餐或者晚餐，下午我有一个读书会要参加，看电影还是下次呀，我请你。

沐晴知道和男人相处要有自己的节奏，咖啡时间后的约会，只能是一到两个小时（适用喝饮料的约会），或者在三到四个小时（适用吃饭的约会），一开始就毫无约束地约会，只会让他对你过早失去兴趣。要在有一定的了解并看到他的诚意后，才能进行到下一步，电影院里根本就没有聊天的机会，这违反了一开始约会的重点，要去了解对方！

往后的几天陆问然的微信发得更加频繁，周六准时出现在了接她的地点！

同样，我们再说说雪丽的例子。

顾漠想和雪丽第二次约会的时候，他开车几个小时从上海去了杭州，因为那周，雪丽回了自己父母家，也就是杭州，顾漠为了见雪丽不得不开车几个小时去找她，大多数女孩都会让母亲迁就他们的约会，这样就不会给约会带来不便。但雪丽知道婚恋指南的，她知道该怎么做。尽管他们之间相距比较远，但顾漠反而铁了心地要去见雪丽。

朋友和同事可以在半路见面。男人必须去你所方便的地方与你约会。不管约在哪里，只要你方便赴约就行。你住在哪里都不是问题。

第二次约会的时候，就要自己做好判断。如果你感觉跟这个男人在一起很舒服，他可以来你的公寓接你，约会结束后，你可以让他送你回家，不过就到你们家公寓门口碰面，并在那道别。聪明的女孩儿不会无故冒险！

不主动先结束约会就已经犯下错误了，更要命的是无故延长约会时间。小诺在第二次约会结束的时候（他们一起吃了晚饭，还看了电影），然后男生载她去看了星空，在车里亲吻了她，他更进一步的行为被小诺制止了，后来他再也没给她打过电话。小诺真应该在晚饭后就结束约会，前三次的约会都不能超过规定时间。

有的女人延长前两次约会的方法是邀请男人去喝一杯，更恐怖的是到她的公寓里喝杯酒，或者喝杯咖啡。千万不要这么做！应该由他主动提出喝杯东西，或者找个咖啡馆吃甜品，并且这个时间还在我们的要求范围内，两个小时（适用喝饮料的约会），三到四个小时（适用吃饭的约会），如果他没有建议这么做，或者已经超出时间范围，那这样的事情就不应该发生。你压根儿就不用担心怎样调节约会的气氛，或者延长约会的时间，你只管先结束约会就行。

我们知道这些要求会让你觉得不那么舒服，但你是想跟人家结婚，不是吗？一夜情有什么难的。总之，头三次约会应该有种平淡如水的感觉。你只需好好打扮一番，表现得好点，跟对方道别后就回家。不要投入太多的感情，不要花费太多，也不要动太多心思。你可能会想，这种状态要持续多久？别急，很快就会越来越容易。

如果男人总是临时约你，要在半路上与你见面，或者更

III 恋爱准则

糟糕的是，约你去他的住处见面，那么这个人肯定是个渣男。

冰露还记得，她从上海去黄山见宋明，在这之前他们从未见过面，宋明在上海开厂，平时太忙，正好他要去黄山出差，就邀请冰露一起。因为是家人介绍，所谓知根知底，冰露这个时候还不知道有恋爱准则，这次的黄山之行，宋明只开了一个房间，后面的事情大家肯定猜到了……三年之后冰露来找我，希望我能帮她顺利推进婚姻，但可惜的是，从一开始结局已经注定了。那年冰露30岁。

我再见到她的时候，是她33岁，她非常感谢我给她送了这本书，让她知道了怎么找到靠谱的人，进入靠谱的关系，恋爱变得得心应手，如今她已经是一个妈妈了，她说会把这套指南也分享给自己的女儿，你看，婚恋指南就是这么有效！

这就是我写这本书的初衷，让你们懂得恋爱的这些方法，遵守下去，减轻你们的压力，让你们不再心痛。

11，约会时不要AA制

白易与方以第一次见面，约在了方以最喜欢的一家早茶餐厅，白易跨越了半座城市，饭后方以竟然提出要AA制。

白易真是个心地善良的姑娘。她居然同意了，觉得各付各的才公平。毕竟，她是个律师，收入颇丰，觉得让方以为整个约会买单的确不大公平。为什么要让他把她这份也付了呢？白易是个好姑娘没错，但我们可以向你保证，如果她当

恋爱之路 ||| 一步一步走向幸福的指南

初坚持在她家附近见面，或许喝点什么就行（尤其是如果她不好意思让他请客），方以会把她当个公主。由于白易做什么都迁就他，他对她并不好，渐渐失去了兴趣，最后终于什么联系都没了。

这么做倒不是说女人付不起车费或者买不起单，这样做是为了体现男人的绅士风度，如果一开始的约会他都不愿意买单，这样的铁公鸡在婚后，甚至你怀孕影响自己收入时，都会和你斤斤计较。

男女平等和 AA 制适用于工作场合，谈情说爱的时候不行。男人追求女人，大多数时间为女人买单，这种情况下，谈恋爱也会比较轻松。他会觉得和你在一起就得有付出，这些钱不会白花。你应当感到荣幸、快乐，而不是于心不安。

不过，你要是真觉得什么都让他请客，心里过意不去，那他请你吃饭，看节目，坐了三次出租车，那么沿途的一些小费用你可以帮忙出点，比如买杯喝的？付个停车费？但是，头三次约会什么钱也不要付，之后再用你自己的方式答谢他。比如说，在你家为他做晚餐，或买件小礼物送给他。如果他手头拮据，或者还是个学生，你担心他在花自己的学费，那也不要 AA 制。你们可以找个廉价餐馆，吃点便宜的东西，你们可以去看电影，逛博物馆，逛公园，等等，不要去贵的地方就是了。

你体谅他的经济状况没错，但不要忘了，他很高兴能带你出去，觉得特别荣幸。为何要剥夺他献殷勤的兴致呢？事

Ⅲ 恋爱准则

实上,你最好的回报方式就是欣然接受,心存感激。你只管说"谢谢"和"我特别开心"就行了。不要对餐厅或里边的食物和服务说三道四,即便真不怎么样也没关系。要传递正能量。看任何事情都要看到好的一面。

我们认识一位男士,他第二次约会就迷恋上一个女孩儿。当时,他不记得把车停在了什么地方,而那个女孩儿一句抱怨的话也没说。她陪他走在人行道上,帮他一块儿找车,最后,他在心里念叨了一个小时"多好的女孩儿啊"!

约会时常常容易出岔子,尤其是男人急于给你留下好印象时,更容易错误连连——比如把钥匙锁在车里面,忘了带手机,诸如此类。他既然出了错,不要责怪他,你得知道,他付出的所有心血和努力都是为了和你约会。你是想做他普通的约会对象,还是做他的妻子?这得看你是不是一个大度的人。

12,不要主动找他,也不要轻易让他找到你

不要主动找他,应该等他找你,让他主动接二连三地联系你,约你出去。

主动联系男生,不管你出于什么原因,他们都会觉得你喜欢他们,认为你在主动追求他,说不定他会对你失去兴趣。还有可能他在开车,又可能正在处理一个很棘手的工作,他完全没心情和你聊天,或者根本就没时间看你发的消息,人

家明明是在忙,你却误以为他对你没兴趣。你甚至可能以为他跟另外一个女人在一起!那天或者晚上余下的时间你十有八九会觉得心里空落落的,弄得自己紧张兮兮,除非收到他的消息。因为感觉心里没谱,你可能又会去联系他,问些"没什么事儿吧"?就这样你完全打乱了自己的节奏。

所以,如果你不希望男生知道你很喜欢他,或者不想让对方对你没兴趣,再或者不想让自己患得患失,就不要主动联系他。记住你是一个很忙的女孩,你有很多事情要做。如果他只是给你发消息,你完全可以不要理会,只有在即将到来的约会,还有你们说好的什么重要的事情发生变化时,你才可以给他发消息,只是为了聊天,那大可不必,他可能会更惦记你,会总想着见你,才会主动联系你。而且,他也不会很快了解你的底细,也就不会对你厌烦了。再说了,这样才显得特殊嘛。这么做似乎不大礼貌?大可不必为此担心。如果他真的爱你,特别想黏你,才不会认为这样做不礼貌,相反,他们只会认为你太忙了,或者觉得找到你可真难——男生一般会主动联系你。

节奏就是他找你,你就回,但是也不用太快回,他不找你你就忙自己的事情,他发信息的字数永远多于你。有的时候太忙,我们甚至一天都回不了消息,这个时候他只能给你打电话了!

如果他给你打电话,接电话的时间不能超过十分钟。这样会让你看起来很忙,也不会让你暴露太多自己的事情或者计划(即便你根本没什么计划)。先结束谈话,会让男人想要更多地了解你。这些话都可以用来做结束语:"我现在忙得要命","很高兴跟你聊天,实际上,我现在挺忙的"。说这些话的时候态度一定要友好。记住,在恋爱初期,男人是你的对手(如果他是你心仪的男人)。也许他可能不会再给你打电话,也许他对你不好,也许即使在你身边也是态度冷漠,这些都可能伤害到你。当然,你也可以拒绝他。事实上,应该由男人先注意你,邀你出去,最后向你求婚,由他主动操纵局势。如果要保护自己不受伤害,最好的办法就是不要过快地投入感情。

所以,不要电话一聊就是两个小时,向他倾诉衷肠,或者把白天发生的鸡毛蒜皮的小事都告诉对方,这样做会让你过早地袒露自己,也很冒险,跟他聊天的女孩应该友善、开朗、活泼。如果先挂断电话,你不必担心是不是占用他太多时间,是不是让他厌烦,是不是过多地向他透露自己。因为如果你喜欢某个人,或者坠入爱河的时候,有时很难掌握自己到底讲了多久的电话,赶紧去买一个计时器,计时十分钟,只要铃声一响,你就甜甜地说:"我现在真的有事。"

不管你跟他是不是聊得很开心,也许你还想告诉他今天单位午餐吃了什么,只要铃声一响,谈话就结束了。记住,你应该自始至终保持神秘。先挂断电话就会在他脑海里留下不少神秘感。他会好奇,你为什么这么快挂断电话,心想你现在干什么,是不是还在跟别人约会。让他在电话那头揣测你没什么不对,十分钟一到就挂电话,就是要让他对你百思不解。

你可能觉得,男人会觉得突然挂断电话是不礼貌的行为,然后就再也不会给你打电话。情况恰恰相反,男人在恋爱的时候往往会很不理智。

举个例子,一天晚上,我们的朋友小迪把计时器设置成了四分钟。听到铃响的时候,她说:"我得挂了。"五分钟后,对方打来电话,坚持要把两人见面的时间从一个星期一次改为一个星期两次。四分钟的电话收到了奇效,也将两人的关系拉近了。

你可能会觉得这不是故意整男人吗?事实完全不是这样,你这么做其实是在帮他们。正是因为你这样,男人才会希望多花点时间跟你在电话上聊天,跟你见面。他们会对你更加渴望!要是你觉得这么做有些铁石心肠,那你可告诉自己,你这是在帮他们的忙。

我们还有一个让男人抓狂的建议,星期天下午把手机调成静音,看看他是不是疯狂地想找到你。小迪就这么干过,结果,她的男友在那天打了无数电话。那天晚上,等她终于接到电话的时候,他迫不及待地问道:"你去哪儿了?我想现在就去找你。"让男人生气没什么不对,这意味着人家在乎你。如果他们一点儿也不生气,对你的态度也会很冷漠,如果是这样的态度,那也就意味着他们准备随时撤出了。聊几分钟就挂断电话做起来并不容易,但绝对管用。

Ⅲ恋爱准则

我们的朋友可儿以为她要跟交往了三个月的男朋友小杰拜拜了。话说星期六晚上的约会结束后,小杰很随意地跟可儿道了别,告诉她:"我会给你打电话的,下个星期我要让你知道,对我来说怎样过才算是美好的夜晚。"可儿意识到关键节点到了,于是,她采取了非常极端,但非常有必要的措施,那天晚上,他按照惯例打来了电话,但可儿没有接。她只是让电话铃一直响个不停。第二天,小杰去找了可儿,不仅不再那么自负,而且还有些紧张,还忙不迭地问她:她觉得美好的夜晚应该是什么样子的。不接电话的策略见效了,她男朋友再也不敢耍什么花招了。

关于打电话的事儿,我们还有个妙招:如果周末晚上因为太累,或者因为没有约会而留在家中。那么他在周末给你打电话就不要接,那是因为他也无事可做,这样做会让他以为你很忙,有别的约会,你千万不能让他觉得你不忙,没有被别的男人追求。也不要让他觉得你喜欢窝在家里,即便你就是个宅女,也不要让他留下这样的印象。不要觉得耍点儿小聪明就不好了。有时候耍耍小聪明并不是什么坏事。男人会把自己追求的女人当成女神。你得让他知道你过得很充实,是个独立的女人。

要是碰上不是周末的晚上,他打来电话,你接电话的时候,不要告诉对方你正在做什么。几分钟后,你就说你很忙(态度要好),不能继续聊下去了。这么做其实不叫撒谎,因为有时候你本来就很忙，比如在洗衣服，不过，你可不能告诉他你真在洗衣服。千万不要让他觉得你在家里想他，即便你真在想他，甚至正在拟定婚礼上的宾客名单，也不能让他知道。男人还就是喜欢那种可望而不可即的女孩儿！

要是你担心这个建议已经过时，一定要提醒自己，你现在很满足，情绪稳定，身体健康，生活幸福，而且事业有成，朋友成群，有自己的兴趣爱好，不管有没有男人，你完全能够过得很好。你不需要他来填充你空虚的生活，不需要他来支持你，也不需要他来给你一段生活。你充满活力与激情，工作投入，生活圆满。男人喜欢独立的女人，而不是完全依赖别人的女人，我可不是要你等着别人来施舍！事实上，女人在遇见她想嫁的男人时，所犯的最大的错误就是想让他成为自己生活的中心。她工作的时候也会坐在办公桌旁，魂不守舍，想着自己的白马王子，成天无所事事。她心里所想、嘴中所说全是他。她会将每次约会的情况一五一十地告诉闺蜜，说得连她们都厌烦了。她会不断给男人买领带，买男人爱吃的东西，这样的行为不仅有害，而且极有可能失去他。

首先，你这样全方位地"关照"他，他可能招架不住。其次，他可能永远不会向你求婚。第三，他可能永远不会像你想的那样在感情和经济方面"施舍"你。即便他真娶了你，他也许会整晚跟狐朋狗友出去厮混，做自己感兴趣的事儿。完全不在乎你的感受。

所以，你最好习惯这样的观念：有自己的生活、工作、兴趣、爱好，有可以在约会之余，甚至在结婚后可以填补你生活的闺蜜。约会最忌讳的是一心只想从对方那里获得快乐。不要一觉得无聊或者想引起他的注意就给他打电话。你要快乐，让自己忙碌起来。他每次来找你的时候，你最好来去匆匆。

我们经常听到这样的抱怨，说什么女人遇到理想的伴侣后，她们的世界就变小了。如果你真遇见了自己的白马王子，你也完全可以去打网球，上 MBA 课，或者跟朋友去旅行.

13，从第四次约会到对方做出承诺时该如何表现

头三次约会的时候，你只要准时赴约，表现得亲切点就行了。第四次约会开始，你可以稍微把自己真实的一面表现出来，可以谈论你的感受，只要别太过分，不要试图扮成心理医生或者妈妈的角色。只需展现自己热情、魅力和充满爱心的一面。如果他遇到难过的事情，你得表现出同情心。看着他的眼睛，专心做个好听众，这样他就会觉得你知道关心他人，将来做他的妻子后也会做他的坚定支持者。不过，这个时候，你仍然不要提到诸如婚姻、婚礼、孩子或者未来的话题。这样的主题应该由他提及才对。他必须是主导者。你要谈论恋爱关系之外的话题，比如你最喜欢的运动、电视、好看的电影，你刚刚看过的小说，一篇感兴趣的文章，或者是你刚刚看过的一场精彩展览。

千万不要告诉他，你算的塔罗牌、私人教练、心理咨询

师或者瑜伽老师对你们关系的看法。这样就是在告诉他，你生活中的大部分时间都在想他。不要告诉他，你在读恋爱的书和有恋爱老师的指导，以及你的生活是多么混乱。不要告诉他，他是第一个对你尊敬有加的男人。这么做只会让他觉得你是个失败者，或者认定你是个轻浮的女孩儿。

不要问他过去的恋爱史，这不关你的事。也不用聊你自己的恋爱史，这也和他没关系。

不要以严肃的口吻说"我们得谈谈"，这么做有可能把他吓跑了。不要在他面前神神叨叨！

记住，刚才提到的这些你不必永远铭记于心，不过，约会的头几个月最好别说……直到他疯狂地爱上你，向你示爱。这个时候，你才可以把自己更多的一面表现出来。男人永远都会记住约会前几个月的第一印象。

如果你觉得很难继续装下去，那就趁早结束约会，或者少跟他见面。过早把自己的秘密都暴露出来反而会影响目标的实现。许多女人在接受心理医生治疗的情况下，会接受心理医生的建议，吐露自己的心迹。在心理治疗期间或者跟女性朋友聊天时敞开心扉当然没问题，但在约会期间可不行。我是教你慢慢袒露心迹，这样男人就不会不知所措了。在仅有三个小时的约会中，就把我们的整个生活强加在别人身上是自私和轻率的表现，你不觉得吗？

记住，不要跟他说任何你可能后悔的事。有些男人喜欢对女人心中的秘密刨根问底。而有些女人有时也并不介意谈论这样的话题,反而希望以此来拉近两人之间的关系,可是,往往说完后他们会觉得有种赤裸裸的感觉,觉得有些上当受骗。如果对方提出的问题太过隐私,你们最好笑着说:"噢,我觉得现在还是不要谈论这个话题为妙。"

当然,隐私的话题也许总会被提及。不过,你在回答的时候一定要小心点儿。

比如,你的房租马上到期了,他问你:"还要在现在的公寓里住多久?"你就说你正打算续租。即便你想认识一个男人,就是想在房租到期后能和他一起住进更大的房子里去,这是你内心真实的想法,也不要这样说,这样说只会让对方从最近的出口撒腿就跑。

你要表现得独立些,这样,他就不会觉得你需要他来照顾。不管是在第一次约会还是第 50 次约会的时候,你都得注意。

我们的朋友范漾漾和她男友交往 11 个月了,马上她的房子租期就要到了,这个时候她特别犹豫要不要继续续租,智慧的她并没有和男朋友聊这件事,而是和房东商量,把合同改成了不定期合同,租金一个月一交,其实她特别心痛,因为她一直希望这个男人就是他的"真命天子",知道如果他们订婚、结婚,就可以省下这笔昂贵的租金,也许你的朋友会说可以直接去和他谈结婚的事情?但我要告诉你,结婚和当初谈恋爱一样,必须由男人先开口,你连和结婚挨边的字都不能提,不然进入婚姻你收获的也是一个比较敷衍的老公。只有他们自己追求来的婚姻，他们才会珍惜。接着来说范漾漾，她在续签完合同后给男友发了条消息："刚刚我和房东续签租约，房东给我带了块蛋糕，太好吃了，我记下牌子了，周末给你也买一块。"她就是有意地在告诉对方，虽然租约到期了，你看我也没有要搬去和你一起住的想法。紧接着她男友就向她求婚了。当然有些女孩可能最终都没有等来求婚，所以你更需要认真地看所有的内容并且坚定地执行下去。

14，一个星期见面不要超过两次

通常来说，大多数男人比女人更快坠入爱河。当然，他们抽身而出的速度也比女人快。恋爱初始，他们通常希望在一个星期里跟你见两三次，有的甚至希望每天都能见你。如果你把持不住，每次都跟他们见面，最后，他们就会失去耐心，动不动发脾气，到时候再也不打电话给你了。有时候他们会表现得喜怒无常，或许会说："呃，我也不知道怎么啦。最近我这边事儿挺多的。"

如果你不想一下子给男人很多压力，前三次的约会一周一次，约会的前一两个月，一个星期见面最好不要超过两次。让他觉得你另有安排，让他觉得你还有备胎，他不是你生活中唯一的男人或者唯一感兴趣的人。我们有时候会听到有人说，她认识了一个特别好的男人，每天都跟他黏在一起。我

Ⅲ恋爱准则

们会想："哎呀，这样是不会有好结果的。"女人在谈恋爱的时候应该不急不躁。千万别指望男人会这么做。

我们知道这事儿很虐心。如果你遇见一个彼此互相倾心的男人，你无时无刻不在想见他，这也是人之常情。你想了解他的一切，比如，他最喜欢什么颜色，他过去的情史，他早餐喜欢吃什么，等等。所以，如果他一口气邀请你星期六晚上外出，星期天一起吃早午餐，星期一晚上又一起吃晚饭，然后一起看电影，你肯定把持不住。但是，女生在这个时候一定要让他吃闭门羹才好！不要让他这么容易见到你。男人喜欢体育运动，喜欢玩游戏，比如足球啦、网球啦，玩二十一点啦、玩扑克牌啦，因为他们喜欢挑战，既然如此，那就让他们挑战好啦！

当然这也不是一成不变，在头几个月的约会中，你一个星期跟他见一次面，而到了第二个月，你就可以跟他见两三次了，而到了第三个月，就可以见三四次了。但在订婚之前，一周见面的次数还是不要超过四次。你得让男人觉得，如果他每天都想见你，那就得把你娶回家。即便你特别想多花点儿时间跟他在一起，即便你早已在心里认定他就是你的真命天子了，你也得对额外出现的约会说不，除非等到他向你求婚的幸福时刻。

我们举个例子，在前期约会结束时，他充满深情地吻过你后说："对了，你明天有什么事儿？"你就应该用甜甜的声音说："对不起，我已经有安排了。"这个时候，你得坚持住，即便他留在你脖子上的古龙水味儿让你晕晕乎乎的。当然，你不用把你的计划说出来，也不要邀请他一起。

男人要是爱上了你，将来想把你娶进家门，绝不会讨厌你在恋爱之初设定的恋爱模式。也就是说，一个星期只能见一两次面。我们发现，那种只想跟你玩玩，或者一心只想跟你滚床单的男人才会生气，才会表现得不耐烦。如果这样的男人花言巧语地说想娶你，你可千万悠着点儿。

在第一次约会的时候，这种男人也许会指着一个餐馆说："这是当年我爸向我妈求婚的地方。"让你憧憬某天他也会在那里跟你求婚。也许，他还会谈到未来，比如，他会这样说："夏天我们一起去马尔代夫，那里的海特别美，海鲜特好吃。"这个时候你早就被他说得云里雾里了，觉得这个男人已经开始为你构想未来的生活了。当然，这种情况也可能是真的，到时候他也许会再次打电话给你约你出去。但是，也有可能是他在第一次或第二次约会时哄你上床的伎俩。

如果你听信了他的花言巧语，那个星期每天晚上都跟他见面，因为你觉得他对你是认真的，他可能会带你出去几次，跟你上床，但之后可能再也不会给你打电话了。更糟糕的是，他可能会继续跟你约会，但最后，你只会眼睁睁地看着他对你渐渐没了兴趣。（看着一个人不再爱你了，那才痛苦呢！）如果你遵循准则，慢慢来，让他逐渐了解你，最后真的爱上你，那么，始乱终弃的戏码就不会发生。

要男人没这么容易把你追到手，这样，那种不是真心喜

Ⅲ 恋爱准则

欢你的男人就不会浪费彼此的时间。所以，你务必要遵守准则，这可是为你好。一个星期顶多只能见一两次面，最后也不能超过四次，如果他想每天见到你，那他要做的就是把你娶回家。

15，如果他没有给你买生日或者情人节礼物，不要再跟他约会

现在你们已经是恋人关系了，跟男人恋爱的时候，你希望在生日上收到什么礼物呢？首饰当然好啦，但除了首饰外，不少浪漫的礼物都行。不过，你可千万别误会。我们可不是叫你把男人当信用卡。如果男人真想娶你，他通常会送你首饰，而不是那种花里胡哨或者实用的礼物，比如电脑或者包包。礼物不在有多贵重，关键是礼物的种类。人们可能认为电脑这样的礼物，又能表达爱意，而且花费还不菲。但这样的礼物可能只是一时兴起才送的，而非发自内心，根本不是表达爱意的方式。

因此，我告诉你，如果你在生日的时候或者别的重要场合，没有收到首饰或者别的浪漫的礼物，这段恋爱你可以打住了，因为他并不爱你，将来你也甭想得到那件最重要的礼物——婚戒。

惠茜在情人节当天收到跟她交往了三个月的富商男友言之送给她的名牌包包。我们告诉她，这段感情结束了。她争

恋爱之路 ┃ 一步一步走向幸福的指南

辩道,这包差不多要两万块呢,而且她很喜欢。但是我们知道,惠茜即便收到糖果或者花这样的礼物,也会比现在的礼物好。为什么?因为尽管言之的礼物价格不菲,但跟浪漫挨不上边儿。礼物的价值也不能用价格去衡量。

男人恋爱的时候,即便手头拮据,也会送出爱物。那些爱你的男人会送出花啊,首饰啊,给你写诗啊,或者周末陪你去近郊旅行啊。而那些喜欢你的男人会送出书啊,包啊,电脑啊,反正都是些实用的礼物,其实他们并没有真的要娶你。(果然,言之在几个月后就甩了惠茜。)

记住,送的礼物值多少钱并不重要。我们知道,在情人节的时候,那些穷得叮当响的学生可能只能送给女朋友价值几块钱的贺卡,然后再花四个小时在上面写一首漂亮的情诗。因为大多数女人都知道,只要男人肯花时间,那这种礼物就是无价的。

再说了,无论是生日、情人节或者周年庆当天,一件浪漫的礼物都是必不可少的。不过,对你神魂颠倒的男人会经常送你各种礼物。他心里永远都会惦记着你,所以,你有可能收到他在出差时买的各种礼物。我再举个例子,小楚曾表示她喜欢一个品牌,她男朋友就给她买了这个牌子的包。如果他不爱她,他可能会在生日的时候才送她这件礼物,但他如果真心爱她,就会在她生日的时候送她首饰和花,送一些能表达爱意和浪漫的礼物,在一个平常的日子送她包。

决定一个男人有多爱你,不是你做得多好多优秀,而是他能给你什么?并且这个要是独一无二的,前提是你值得。

男人喜欢女性的特质,许多女人身上都有。如果这个男人挺优秀的,愿意哄他开心的人也特别多。要是这个男生这时候还掌握着某些人的生计,想从那些人身上得到多少情绪价值,他都不难。这时候有个问题,他的付出就变得非常稀缺了,人的真心是非常有限的,他不可能同时分给许多女人,他的真心,他对某个女人付出的最多,这个女人就会成为她心中那个白月光和玫瑰,而且这个付出还需要是稀缺性的付出,每个人的稀缺成分的标准是不一样的,对一些一穷二白的青年来说,他缺钱啊,给女生买个包可能就要付出的全部薪水,他愿意买包儿就是愿意付出,但对于身价过亿的富豪来说,拿钱就是最容易的,为女人花心思做事儿,这才是真正的付出,付出的越多就越离不开,在经济学里就个叫沉没成本。女人是会记得对她最好的男人,当然是在失去以后,但是男人永远会记得他所付出最多,也就是那个他对待的最好的女孩。

人们珍惜的永远是自己付出和自己的心意,这就是人性。你一味地付出来爱那个人,通常是会受伤的,你只有顺应了人性的规律,才能更好地去把握一段感情,你想要一个男人对你欲罢不能,你最好的是让男人向你付出,你提供价值的目的是让他向你提供他的价值,这个价值是什么就看你最想要的是什么?这样才能积累他对你的付出和爱意,就像钓鱼一样,你挂个鱼饵,那是为了钓鱼的,引鱼咬钩儿,不是去喂鱼的,不要谈喂鱼式恋爱。

具体怎么做能让他为你付出?

1,要独立。女人价值中非常重要的一部分就是独立,男人也是一样慕强的,他们在短则的时候是会向下的,但是结婚一定是娶那个他能接触到的价值最高的女生。女性的强不是说你要事业有多好,最重要的还是之前说的女性魅力,还有你的精神独立,你有独立思维,你有自己的三观,有自己的认识,有对这个世界自己的看法。经济独立,你有自己的工作,你能养活自己。这样男生第一会尊重你的独立人格,第二他觉得你不是他的拖油瓶,男性其实更喜欢那种骨子里带点男性性格的女性。

而且很多时候你优秀,比如说你很有女性魅力,很有思想和内涵,你有自己的好工作,你有良好的家庭背景,你有很多热爱的事情,有丰富的生活,你都不用说话,你往那儿一站,就是闪闪发光的。他觉得得到你是对他自我价值的一种肯定。如果你闪闪发光,男人觉得得到你就像得到一件宝贝一样。你往那儿一站,你的这个价值就是极高的,回报爱人最好的方式就是成为更好的自己。让自己终身学习成长,终身被爱。这才能让对方一直对你欲罢不能。他那么爱你,那他才会把一切都给你。

2,学会示弱。想得到男人的付出,就要学会去依附,给男人发挥大男子主义的机会,把自己伪装成弱势,得到男人的怜爱。只有傻女孩儿才会在男人面前处处逞强,你要明白,没有弱点的女生就是在拒人于千里之外,聪明的女生,都要学会嘴甜心硬。嘴甜心硬的女孩最受宠,最怕就是你嘴硬心软。明明你心里非常在乎,但是非要讲一些伤害他的话,做一些伤害他的行为,他能忍受吗?我说过,人的本质是追求认同和肯定,如果你总是批评和否认他的话,他都感觉不到你的爱何谈其他?当然我也知道你可能只是情绪上头不想吃亏,所以才导致你说出这些逞强的话,但是你要明白,你这样的行为往往带来不了什么好的结果导向,只会把人越推越远,最后吃亏的还是你。那什么是嘴甜心硬?就是嘴巴上会夸、会卖萌,会示弱,嘴软,但心里要保持自己的框架和原则,什么事情是你的底线?嘴甜心硬的心理本质有两个:第一个就是嘴甜,敢示弱,因为代表你的安全感,内心有底气。第二个就是心硬,心硬代表你对外界的心理边界感很清晰。一个女生说话好听,而且又进退有度,怎么能不让人喜欢呢?在爱情里,很多人总是觉得自己表面装得很强就可以了,让人觉得你强就行。但是你要知道,这并不是真正的强,这叫逞强。那什么叫真正的强?敢示弱才是真正的强。为什么这么说呢?因为一个人如果她足够强大,那么她一定可以接纳自己的不足。如果你还是不理解,那么我们反向举一个例子,逞强的人,她为什么要这样?那是因为她本质上不想让大家看到她脆弱的一面,她自己都接受不了自己软弱不堪的那一面,她害怕别人看到了就会对她产生异样的眼光。但是你要知道一个普通人,你有不好的一面是非常正常的事,你要勇敢地接纳自己的不足，这会是你真正变强的第一步。所以不要逞强，这些都没有用，真正会示弱的人才是真的强，也才能在感情中被宠爱。水流一般都是从高处往低处流，那么在恋爱中其实也一样的，面对问题的时候，你不是大声责怪对方，而是向对方温柔地撒娇，大方地去夸对方，那么宠爱就自然而然地流向你了。并且对方还会屈服于你这样的女生，表面上，你是一个弱者，但是你有爱情的主动权，能够得到另一半的宠爱，懂得掌握分寸，利用撒娇融化对方的心。在感情的相处过程中，一旦发生意见分歧，或者要达到你的某个目的的时候就向对方示弱撒娇。但是作为女生，向男生撒娇的时候，一定要掌握好分寸，同时也要提高自身的价值和魅力，这样才能够提高你撒娇的成功率，掌握爱情的主动权，抓住男人的心，抓住男人的钱，有利于你们的爱情生活更加和谐美满，更加良性地发展。

撒娇也要注意它不是做作的那种撒娇，比如那种："哎呀，兔兔这么可爱，怎么可以吃兔兔？"这种非常做作的撒娇只会让男人觉得你很假，因为太低情商了，你说出来只会让男生觉得你这个人认知水平有问题。

很多女生各方面都不弱，演技也不行，装不了弱，那你就不要吝啬去表达自己的爱，把爱说出口，要频繁地去表达爱意。因为在感情中，大家默认一条不成为的规则，谁爱得更多，谁就是弱势，对吧？

3，要让他有安全感。千万不能在他面前夸别的男生甚至是男明星的好或帅,这个人好不好,帅不帅,他都知道,但是从你口中频繁地说出来,总会有一种你在寻找比他更好的人的错觉,那随时遇到更好的人,你就要变心了,时间长了他会没安全感。

想想你养的宠物,你想到它的世界里只有你,你会不自觉地去心疼它对吧?你再想想看如果他的全世界里只有你,你会不会觉得跟这个人在一起,你特别踏实,特别有安全感?所以想要一个人男生有安全感,就是让他觉得跟你在一起很踏实,让他觉得跟你在一起是很舒适的,让他觉得他成为你心目中的唯一了,这样他就会觉得你对他是非常认同和接纳的。

不要轻易地跟他说分手,一吵架就说分手,就等于你每一次都在他心里种了一个分手的种子,这样是会让他没安全感的,时间长了他可就真信了,而且最重要是"分手"这俩字儿,很伤人心。女孩要嘴甜心硬,如果他的行为让你真的想分手,正确的做法也是先说服自己,真的能做到分手,那么说出来就直接去做,除非对方像当初追求你一样,重新地追求你,或者导致你提出分手的那个原因他能彻底改掉,不然你说出分手只是让对方有了更多其他的打算,最后被动的就是你。

Angela就是这样一个女孩,对方一让她不满意她就说分手,当然说分手的当下她觉得自己是下定决心的,然后男友一哄她,这件事又过去了,结果一年多后她男友消失,她去男友的单位找，才得知男友已经辞职了，她又去了男友的老家，这个时候男友已经和家人给他介绍的相亲对象在恋爱了，所以女孩们切记说出分手的那一刻如果你做不到真的分手，就是在给自己埋雷，在给男人不安全感，最后你就会变得和Angela一样被动。

4，会哭的孩子有奶吃，会表达的女孩子才有人爱。因为会哭的孩子和会表达的女孩儿得到了父母和爱人更多的付出，而且在一次一次付出中产生那种牵绊，会使他更爱你。

很多时候，你觉得自己明明很懂事儿，为什么男朋友就觉得你不懂事儿？那是因为你没有提要求，他不知道你的需求，但其实是你自己在默默地委屈自己，你觉得自己已经很懂事了，可是对方根本看不到。举个例子：下雨了你是想让你男朋友来接你，但是你觉得直接提出来不好，你要做一个懂事的女孩，你选择委屈自己。再比如你们一起去吃饭，你看到一个菜明明很喜欢，但是一看价格，太贵了，算了，你又选择委屈自己来显示你是一个懂事的女孩，再比如，你生日，男朋友问你喜欢什么？你也不表达，更甚者你会说"不用了，你陪着我就好了"，结果对方真的什么也不送，或者送的你不喜欢，这个时候你的心态一定会炸，所有的委屈都来了，你大哭大闹，对方当然看不明白？觉得你怎么这么不懂事？

正确的做法是，心里的需求直接表达出来："下雨了，好想让你来接我呀，你能来接我吗？"他来接你了，你就给他正向回馈，肯定他的付出，赞美他，给他情绪上的愉悦感，或者给他做一顿美食，再或者一个吻。把他的付出和能得到你的正向回馈（奖励）画上等号，他下次就更愿意去做。如果他没来接你呢？那好吧，我自己一个人回家。你提需求被拒绝了，你接纳，这才是你懂事儿，如果你都不提需求，对方怎么知道你懂事？你怎么展现自己的懂事儿？所以你要提需求，提需求以后，对方满足你给奖励，让他知道给你付出是有正向回馈的，是有奖励的，那你的需求没有得到满足，你也是理解和尊重对方的，这就是显得你懂事儿。而且很多时候正常的男人拒绝了你的需求，他一定会产生愧疚感，愧疚感攒多了，男人是想回报你的。

  你们要记住，男人会向那些会提需求的女孩儿去付出，因为老实的女孩子存在感很弱，别人会认为你什么也不需要，对吧？我并不是提倡女孩子去作，而是合理地提需求。比如一起逛街买东西，你自己能买得起一万的包你就去看一万的包，不要觉得反正让他花钱就去买你平时不舍得买的东西，我是教你们如何恋爱结婚，不是让你们做捞女。

  这里我要强调一下，当你收到像花这样的礼物的时候，反应千万不要过度。萝莉跟凯文第三次约会时，收到了对方的玫瑰，她欣喜若狂。平常，她很少收到喜欢的人送的花。收到玫瑰后，她面带微笑，十分随意地把花放到了花瓶里，说了声："谢谢！"你要表现得像经常收礼物一样。那些饰品或者穿戴的礼物，你要在和他约会的时候多让他看到你在用,他送的你很喜欢。

一般来说,如果男人爱上了你,他会挖空心思地送你东西,无论什么都愿意,如果你们在餐馆吃饭的时候,杯子空了,他会立即给你倒水,或者催促服务员,叫他们帮你倒水。如果你在电影院的时候看不到银幕,他会叫人挪动位置,给你另找一个座位。通常来说,他会时刻注意你身边发生的事情。当然,那些糗事他可能不会放在心上,比如,如果你胖了几斤,他不会觉得你胖了,反而会觉得你很可爱。但是,如果你女性朋友(他对你的闺蜜可没意思)的话,身材跟你一样,他反而觉得她胖。当男人不爱你的时候,他绝不会留意你,即便注意你,也是你身上的缺点。比如,他可能会说:"你减减肥,我就带你去三亚。"你可能会觉得应该想方设法赢得他的爱。这就不是这本书的初衷了。这是一种有条件的爱,我们可不鼓励这种。

我们再说一遍,这么做并不是让你做拜金女孩,也不是让你做一个无时无刻不被男人宠着的公主。但这么做可以判定男人是否真正爱你,如果他没有这么做,那你就千万别在一棵树上吊死。如果你每一次的需求对方都没有满足,也没有回报?那你去看看是不是需求不合理,对方做不到,如果不是你就抓紧换人吧。

男生会在意女生家境吗?我觉得不会在意家境,但是会在意你会不会赚钱?会考虑女生家庭条件的男人,其实大多数都是自己条件也一般的,虽然我们很多时候都说,男人比女人更现实,他们的择偶都是权衡利弊的,但是对于一个有担当有责任感的男人,他的权衡利弊的关注点是放在另一半与自己的关系上,他看的是女生这个人,而不会是越过这个女生本身去完全看她的家里条件,那他们是怎么去衡量这个女生这人本身是不是好?就尽管很多男生嘴上不承认,但是大部分男人就同等条件下,想要的是一个会赚钱的伴侣,你要知道这个钱并不是单纯的钱啊,为什么能赚钱呢?她背后反映的是女生的能力、见识、社会资源,这些都是可以隐性的给男性赋能的资本,这个是有一些心理学的依据的。心理学上认为,男人普遍比女人更渴望得到他人对自己的认同和赞美,这是源于雄性生物特有的一种权威心理作祟。首先,人的内心,不论是男人和女人,普遍都有两个自我,一个是真正的自己,一个是理想中的自己,人往往会把理想中的自己投射出去,通过收获他人的认可来加持对自我的肯定,这样我们才会认为真正的自己就是那个理想中的自己。而在权威心理的加持之下,男性的这种对于理想自我投射会比女性更加明显和深化。这就是为什么男人更爱社交平台软件上去晒自己的豪车呀,昂贵的手办呀。倒不是说他们有多虚荣,他们只是想通过这样的方式来证明自己的价值,获得外界的肯定,来满足理想权威的需要。同样的,如果你学历高,工作好,走到哪儿他都会跟别人说,我女朋友是985的硕士,我女朋友是三甲医院的医生,他的潜台词就是,你看我女朋友多厉害,还那么喜欢我,我是不是更厉害?也就是说,你的能力越强，社会价值越高，越能给他带来心理上的满足。另一方面，所有的本质就是慕强，无论男人女人，最后想找的都是能带给他价值的伴侣。关于这个价值，最直观的衡量就是看你会不会赚钱，不仅可以共同承担经济上的压力，甚至还能在他的工作或人脉上去帮到他。但是很多时候，男生不会承认自己在意女生能赚钱的。一方面，是我们中国传统的男主外的大男子主义思想作祟。另一方面，又害怕你的社会价值太高了而被轻视，所以他们往往会说，我不在乎你挣钱多少，你不工作我可以养你。但是如果你真相信的话，当家庭主妇，只要你开始向他们要钱，就有一定的概率他会嫌弃你怎么天天什么都不做？所以记住男人喜欢女人示弱，但并不是真的弱，他们需要的是一个既能让他们欣赏、满足情感需求，同时又能扛事、给他赋能的女人。所以女生千万不要为了男人去放弃自己的事业和工作，任何时候你都要保持自己的独立性，有赚钱的能力，你才有不依附于他的底气，对那些家庭不太好的女生，首先你不用自卑，家境不好不是你的错，那种因为你家境不好拒绝你的男人，他们可能本身就不是一个可以长期发展的对象，其次你要努力地去提高自己的价值，原生家庭你可能没有办法改变，但是你完全可以去改变自己，去好好学习，去努力工作，让自己大方又自信。当你优秀的时候，你吸引而来的自然也是同样优秀的人。

16，不要急着滚床单，也不要有其他亲昵的举动

什么时候上床合适？这得看你的年龄以及个人的感觉。如果你只有18岁，还是个处女，那就等到婚后再说。如果你已经39岁了，这个事情就看你想要什么，要是想和对方结婚，那就放慢速度，要是只想要当下，那在做好保护措施后跟着自己感觉走。当然，我是不支持婚前性行为的，如果你想要结婚，那最好看到他十足的诚意以后。如果他爱你，肯定会尊重你的决定。

第一次约会时，男人通常会很猴急，这也是人之常情。但你有责任让他们没有那么快得手。比如，在第四次约会的时候，你可以让他礼节性地吻你，但不能再得寸进尺了。让他点到为止，这样对方才不会把你当成玩玩的对象。如果你想跟他正儿八经地谈恋爱，那他必须全身心地爱上你，而不仅仅对你的身体感兴趣。所以，身体接触越少越好。再说了，如果你不想那么快跟他打得火热，这样才能做到收放自如嘛。

我们知道，遵循这条并不简单，尤其是你约会的对象是个高富帅的时候，他风驰电掣地驾着跑车，每每遇到红灯停下都会吻你。而且，他接吻的技巧也很棒，这个时候你就会想，不知道他还擅长什么。但你得告诫自己，第一次约会的时候不要随便跟他接吻。千万不要邀请他去你的公寓。不要让他动手动脚。如果你真把持不住了，那就尽快结束约会，这样，就不会做出让自己后悔的事儿了。如果他对你意犹未尽，那

就让他打电话给你，回头再约你。

有些男人可能会让你觉得这样太古板，假正经。有些男人可能还会取笑你，甚至因此生气。这个时候，你应该和颜悦色地告诉他，如果他们不喜欢这样，那就只管走人就行！如果男人逼得太紧，那这样的约会对象不要也罢。你要不断告诉自己，有些女人正是在第一次约会的时候就跟男人上床，把他们都惯坏了，但你是个想要幸福的女孩，你不会操之过急。如果他真的喜欢你，就会尊重你设定的界限。如果他是谦谦君子，他在身体接触时一定会尊重你定下的基调，绝不会强迫你做什么。千万别用开放的"自由性爱"理论做挡箭牌。再说了，如果意外怀孕，或者染上什么病，你就得不偿失了。

正如我们之前解释的那样，你应该谈论政治、房地产、好看的电影，而不是婚姻、孩子、恋爱、前男友或者前女友，更不能谈论性爱的话题。你们之间的谈话应该充满热情，而不能往性爱的话题上引，这样，在吃完甜品后，你不至于跟他滚床单。

要是你也很想跟他发生关系，那你可能很难抵得住这样的诱惑。这是不是意味着在头三个月约会的时候你就能跟他上床呢？很不幸，答案也是否定的。你可能应该自律一点儿，多注意你的性格、修为，相信如果再坚持几个月，你肯定会守得云开见月明。你为什么要冒险，让他转天在更衣室跟他的哥们说你是个水性杨花的女子（至少他会这么想你）？与其让他转而去追别的女孩，还不如让他生气，想办法在每次

Ⅲ恋爱准则

约会的时候"勾引"你。在你最终做好准备,准备跟他上床之前,你得抻着他,撩起他的欲望,让他投入更多的感情。

我们知道,如果你真喜欢那人,克制自己不和他上床也是一种煎熬,但是你的眼光必须放长远一点儿。如果你用对了方法,将来结婚后,还不是可以跟他夜夜春宵吗?

不过,你可能不服,说什么在前期约会的时候并不介意跟他上床,说什么你宁愿冒险,如果他不再打电话也没关系,因为大家都是成年人了。当然,根据我们的经验,大部分说这话的女孩儿只不过是在自欺欺人。如果一个女人真跟男人上床后,再也没收到过对方的电话,女人内心深处肯定会觉得难过。女人如果真喜欢那个男的,是希望他再打电话给她的。我们认识的所有女人都说,如果男人在做完爱后不打电话来也没事儿,但如果对方真没打来,哪能没事儿呢?如果你在前期约会的时候就跟对方上床了,你可能连对方是个什么样的人都没搞清楚,请不要冒险。我们会认清楚对方后才跟他上床。

我们现在来谈谈这种情况,比如,你坚持了一段时间,已经准备好跟他上床了。这个时候在床上应该遵循什么呢?最重要的是,不管你们在床上多有激情,你一定要控制住自己的情绪。事实上,许多女人让男人热情不再,主要是因为她们在床上太能唠叨了。有些女人喜欢用肉体的亲近感来赢得情感的亲近、安全,以及对未来的保证。

在床上千万不要把自己当成教官,把男人指挥得团团转。

恋爱之路 ║ 一步一步走向幸福的指南

你必须相信，如果你放松下来，让他像探索未知领域一样探索你的身体，保管你会既有趣，又满足。

跟你上床应该是一种水到渠成的结果。不要外带别的东西，比如用红灯泡或者带香味的蜡烛调节气氛，甚至用色情片助兴。如果非得用这些东西才能让他兴奋起来，那就有问题了。他跟你上床还不能让他嗨起来吗？

享受完美的性爱，偎依在床上的时候，你可千万别说这样的话："我在洗手间里为你准备了一支牙刷。"不要在床上（下了床也不要）谈论婚姻、孩子，或者你们共同的未来。记住，这只是你一厢情愿的想法。男人心潮澎湃时只想安静地躺在他们喜欢的人身旁。女人则更好奇，想知道更多："现在我们已经上过床了，这段感情将如何发展呢？"或者想知道："刚才的行为到底算什么呢？"这样的想法会在你脑海里挥之不去，渴望拥有这个男人的想法越来越强烈，你要做的就是尽量放松下来，什么都不去想。

如果他当天晚上或者第二天早上想走，你也不要黏着他。约会结束的时候，你要以平常心对待，要做到镇定自若。有了这样的态度，对方才会缠着你。不要主动对他说，不要建议一起吃早饭，更不要给他做早饭，试图以这种方式多留他一会儿。如果你这么做，他八成会跑到最近的咖啡店吃早餐。你应该安静地做自己的事：梳头，刷牙，做仰卧起坐，做拉伸运动，煮咖啡，这个时候，他很可能会建议去一个不错的地方吃饭。

如果你就是一个保守的女孩，你不想自己没有安全感，你不想承担任何风险，等到他疯狂地爱上你，你可以把这个故事讲给他：

你的同学小可，或者邻居小维交往了一个男朋友，双方父母都见过了，也已经订婚了，结果有一天听你妈妈说她怀孕了，因为男朋友说现在要奋斗事业，不适合生小孩，就去做了手术，结果大出血子宫没保住，更可气的是男友家人悔婚了，你觉得小可太可怜了。平时沟通也可以向他透露，你是一个很传统的女孩，爸妈从小的家教严格，你自己也认为，只能在婚后或者订婚后发生亲密行为。

如果你对性爱的渴望比他还要强烈时该怎么办呢？最后强调一点，跟男人上床的时候千万要戴安全套，要是对方说："就这一次不戴还不行吗？"你也不要就范。记住，你要为自己负责。

到底要不要和男人同居？目前这个问题是不是让你很纠结？你的朋友可能会说："住在一起吧。"你的父母会毫不犹豫地说："不要住在一起。"如果你们的婚期已经定下来，就可以搬到一起去住。换句话说，如果你们正筹备婚礼，又不想交两份房租，那就住在一起，这是唯一的理由。

同居并不是为了测试他对你的真心，这和我们普遍的观点相反。他要么爱你，要么不爱你，两个人一起过日子，天天给他煮早餐，这些并不能改变什么。事实上，对他而言，有时候想弄明白他到底爱不爱你，最好的办法就是让他见不

恋爱之路 ‖ 一步一步走向幸福的指南

到你。如果他无法给你承诺，你就可以考虑换人了。如果他真的爱你，他一定会求你回来。如果他不爱你，你也没损失什么，而且还节省了时间，这样你就可以转移目标了。

有些女人以为同居就能换来男人的承诺，等到她们吃足了苦头，才发现事实并不是这么回事。当然，等到那时，她们虽然得到了教训，但自尊心已彻底被粉碎，而且青春年华又耗去两三年，或者四五年。这样的场景听起来是不是有些耳熟？温迪与李奇交往了一年半以后，温迪想要个戒指，李奇不为所动。他们决定住在一起，看看两个人能不能"合得来"（这是李奇的原话，也是他的主意）。一切毫无改变。李奇因公出差时，从不给温迪打电话，也不把她放在心上。九个月过去了，时间浪费了一大把，他还是没找到恋爱的感觉，所以就搬出去住了。温迪把两个人的分手归咎于男方的父母，觉得是他们离婚的那摊子烂事影响了他，当时他因为这个原因还接受过心理治疗。事实上，早在他无法给她什么承诺时，她就应该结束这段关系。

如果你还抱有这样的幻想，认为没得到真正的承诺时，住在一起多少能拉近两个人之间的距离，那么我们得说，很多女人告诉我们，她们当时正因为和现在的老公若即若离，他们才向她们求婚的。有个女孩儿跟男朋友交往了一年后，她和一个闺蜜就到地中海俱乐部跟团旅游去了。第二个女孩成天忙得不可开交，周末都没工夫和男朋友约会。第三个女孩提出要调到另一个城市去工作。接着，她们的男朋友就向她们求婚了。

请记住,他们只有在害怕失去你时,才会向你求婚。有部电影你可以拿来当《圣经》去研究:《爱的故事》。在这部电影中,珍妮提出要去法国读书,并暗示两个人门不当,户不对,不适合在一起,这时奥利弗就向她求婚了。珍妮在他求婚的那一刻并不感动,也没有表现出爱意——她几乎要毁掉了这段感情(你没必要做得这么过分)。你只要拉开点儿距离,给他点儿难度就可以了。男人得不到时总是兴致勃勃去追求。他们往往觉得没得到的就是最好的。

你只要记住不能和他同居就对了。有些女人告诉我们,因为偶尔周末多出一两天假,为了和男朋友在一起,结果就临时住过去。你留在他那里过夜,接下来的事情就顺理成章,一环扣一环。刚开始有个抽屉,然后多个架子,接着你有了自己的衣柜。在双方浑然不觉的情况下,你的快递可能就寄到他家去了,或者你的朋友都知道去他家找你。

不用说,这样的事情不该发生。不要在他家塞满你的衣服和杂七杂八的东西。不要把你的牙刷或睡衣留在他家。他应该求你把东西留在他家,然后专门为你清理架子,留出空地来。这种事不该由你来做。你是一个独立的个体,不是什么不速之客。夜间或早晨约会时,你应该主动道别。此外,你的不良习惯还是少让他看见为妙,不看见当然最好,比如你用牙线洁牙或打嗝放屁的样子。

如果你们没把结婚的日子定下来,那么同居还有什么理由呢？有，那就是，他想同居，但你却不想！他爱你爱得发狂，对你死心塌地，你对他却没什么感觉。在这种情况下，冒险的人是他，而不是你。当然，这时候你得悠着点儿。一旦和他同居，你就不能和你真正钟情的白马王子约会了。所以，同居到底是不是聪明的做法呢？

17，不要逼着对方做任何事，也千万别想着改变对方

如果你的男朋友想加入一家美女众多的健身俱乐部，那里有许多长腿美女，你可不要叫他去街上慢跑，或者在家里锻炼。而是说："好啊！"然后只管做自己的事就行了。如果你醋意大发，觉得没有安全感，那也别写在脸上。如果他爱你，健身房里漂亮的女孩儿再多也不顶用。

如果他周末宁愿跟自己的朋友去露营，而不想跟你一起过，你要么随他去，要不就跟他分手，反正不要告诉他该做什么。我们的朋友茜西跟子乔约会了几个月，一天，对方突然跟朋友制定了周末计划。之前茜西的心理医生曾告诉她，心里想什么就应该说出来。于是，茜西告诉子乔，她有种被抛弃的感觉。子乔立即跟她安排了周末的计划。茜西自然欣喜若狂。但是，两人在一起几个月后，他突然不再给她打电话。后来，茜西再也没有收到他的信息。

这个故事告诉我们：不要干涉男人的社交生活。如果子乔不想跟茜西一起度过周末，即便你主动要求，他也不会改变心意。男人喜欢做自己想做的事情。如果他们离开你就活不了，或者没有你地球照样会转，都会表现得很明显。不要表现得太迟钝，要学会察言观色，一旦发现苗头不对，如果有必要，就应该换人。

如果你们交往了好几个月后，他一直都没有在他的父母或者朋友面前介绍你，那就意味着他不希望你见他的父母或者朋友。也有可能是害羞的原因。这个时候，你也不要逼他，如果他没有主动提及，那你也不必非见他们不可。当然你也不要把他介绍给你的家人或朋友，一般都应该是他先带你进入他的生活。你也不用跟他的朋友做朋友，更不要试图和他妈妈搞好关系，希望他妈妈能催促你们结婚。这样的事谁也不能逼他。要么接受现状，耐心点儿，要么另寻他人，反正不要逼着对方做任何事情。

千万不要试图改变他，改变他的生活。不要觉得他的衣品不行，然后按照你的喜好去给他买衣服。如果他喜欢喝啤酒、看短视频，你大可不必叫他去打网球，或者看纪录片。如果他喜欢牛排，你也不要在他面前大谈特谈素食主义的好处。他可不是你的私人财产。不要总想着改变他。最后，你把他的锐气都磨光了，他肯定会觉得你是盛气凌人的悍妇。他想要一个能让他感觉舒服，而不是总觉他一无是处的女友。所以，你还是不要干涉他的私生活。如果他问你该穿什么样的衣服，你当然可以帮他。他要是不问的话，你就不要插手管。

如果你遇到的就是你的梦中情人，或者是接近梦中情人的样子，但他身上有几点与你的期望有落差。这个时候你打算怎么办？什么也不要做，不要试图改变他，因为男人真的很难改变。你要么接受他的某些缺点，要么另找一个。当然，你首先得看看他困扰你的缺点到底是什么？

如果他特别爱干净、做事经常拖拖拉拉，讨厌吃辣（你的最爱），不喜欢运动（你很喜欢），但他死心塌地地爱着你，你应该觉得自己很幸运才对。这些毛病的确恼人，但基本上无伤大雅，我们通常将这些缺点归纳为 A 类。但是，如果他当着你的面在聚会上跟别的女人打情骂俏，有时候还会做出粗鲁的行为，你跟他说要事的时候，他却充耳不闻，或者把你的生日都忘记了，那他的这些缺点就得归纳为 B 类（糟糕的行为），那你就要好好考虑考虑了。

如果对方的缺点是 A 类，那你最好试着接受，不要在他面前唠叨个没完。反正说多了也没用。比如他说晚上八点钟会来，却总是迟到，你干脆早做心理准备，等到九点就是了。

如果是 B 类行为，比如对你不忠，或者对你不关心，那你就得认真考虑结束这段关系了。因为江山易改，本性难移，你也不要指望人家会做出改变。你看到的通常都是真相。如果男人在跟你交往的时候就出轨了，那他跟你结婚后，肯定还是会原形毕露。第一次被你抓个现行后，他可能会收敛一段时间。但你千万不要自欺欺人，狗改不了吃屎。

能不能跟他生活，必须由你自己做出判断。你会想着他将来还会不会对你不忠，这样的想法肯定会一直困扰你。到时候你可能经常会检查他的衣服，看看上面有没有口红印，检查他的口袋和手机，看是不是有出轨的某些证据，如果他告诉你他在加班，你就会打视频去验证，你想要这样的生活吗？如果是，就要下定决心，忍受这一切。婚姻成功的关键就是乐于接受现实，而不是想着他能改变就好了。

当然，如果对方原本是花花公子，在你按照恋爱方法的过程中爱上了你，他可能会痛改前非，对你忠贞不贰，因为你跟他之前的约会对象不同，你成天忙忙碌碌，不给他打电话，不轻易跟他上床，不在他面前提及婚姻、憧憬未来。因此，现在他的人生目标就是把你追到手。现在，他不再对别的女人有兴趣，因为他压根儿就没时间了！他满脑子都是想着要如何征服你，你现在成了他人生中最大的挑战了。只要学会这些恋爱方法，即便是最花心的男人也可能拜倒在你的石榴裙下。

决定是否能忍受男人的坏习惯，或者忍受他的过去（比如他的前妻、小孩）并不容易。当然，有些性格也没办法简单地归纳为 A 类或者 B 类。比如，你的男人可能是个月光族。你要不要跟他共同生活，这得取决于你对金钱、事业、地位、豪宅看得多重了。

总之，你必须安静地坐下来好好想想，或者寻求别人的指引，咨询他人意见，看看到底该怎么做？不过，你得记住了，所有的事情都要由你一人承受。你得问问自己，到底要不要嫁给这样的男人，比如他以前是个花心大萝卜，或者曾经有过不良的行为，但现在正在改正中。如果他将来再次欺骗你，或者再犯错，你能受得了吗？你得问问自己，能不能跟他前妻的孩子一起生活，问问自己，能不能忍受他过去的不忠？如果答案是肯定的，那就行了。但是如果你老被他过去或者现在的行为困扰，那你可能必须离他而去。如果你想带他去参加夫妻心理疗法，希望能改变他是不切实际的，有些东西永远都改变不了。

不管你怎么做，都不要在他面前唠叨，真要这么做的话，他不讨厌你才怪。所以，你必须三思，做决定的时候不要模棱两可。记住，三条腿的蛤蟆不好找，两条腿的男人多的是！

如果你在感情中总是觉得很痛苦，因为你一直在妄图改变对方。德国心理学家海林格有句名言：叫谁痛苦谁改变，谁改变谁受益。很多人不理解这句话，甚至对这句话很抗拒，觉得明明犯错的不是自己，那么最后为什么还要我去改变？但是你要知道，因为他做出的某件事儿让你痛苦的时候，他也许并没有把这件事儿放在眼里，也就是说你在烦恼一件他自己都不烦恼的事情，你们对这件事情的认知都不在一个维度上，他当然就不会听你的。最后你发现，除了你自己痛苦以外，什么都没解决。所以我一直都强调，任何时候都不要有改变一个人的想法，因为改变一个人真的是非常难的。最新的脑科学研究有一个报告，想要改变一个人的小习惯需要多少天呢？至少140天，那更别说他从小就习惯的，刻在骨子里的一些行为和思维，除非他有非常巨大的欲望自发地做出改变,否则任何人都改变不了他。就好比如果你的伴侣很懒惰,不上进,你再怎么苦口婆心地去劝他,他大概率都不会听。但是自然法则会在某一天,可能是工作或者某件事儿上让他为自己的懒惰买单,等他受苦了之后,他自然就会改变。所以如果你因为他的懒惰而痛苦,你要做的不是逼他去努力,而是要思考,要么换一个勤奋人,要么就是降低自己的期待,自己去扛起这个家。你总是试图改变他,除了让你感觉到很心累,不断地消耗你之外,对他是起不到一点作用的。相反还会引起对方的逆反心理,无论你想要让他改变的出发点是多么为他好,在他眼里,这就是一种强迫,一种控制。谁都不愿意自己是被别人掌控的。

那我们为什么总是想改变对方的?精神分析中有一个说法,几乎每一段亲密关系中,我们都会不自觉地重复童年与养育者的关系模式。也就是说,如果我们小的时候有一些未被满足的渴望与需求,那我们会在亲密关系中寻求一种补偿心理,希望对方能够满足自己的缺失。也正是因为你对伴侣抱着这样一种可能本身就不切合实际的高期待,当他不能满足你的时候,你就会感受到失望与痛苦,并且认为你的痛苦是他带来的,只要他做出改变,痛苦就会消失。但是你要知道,这个世界上没有什么完美的伴侣,也不会有人能完全满足你的高期待,你总能在不同阶段找到他让你不满意的地方。如果你总是想改变对方,让他变成你期待的人,时间长了,你就会发现你所有的关注点只在他身上了,你会逐渐地失去自我，没有自己的追求，自己的梦想，并且会因为他而感受到痛苦。我们每个人都是一个独立的个体，想要经营好亲密关系，一个非常重要的准则就是学会尊重个体独立性，学会课题分离。我们每个人都应该有非常清晰的自我边界，有自己的课题，我有我的，你有你的，谁都不要去干涉谁。

干涉对方的课题，你就会过度依赖他，因为他生气、痛苦，等于说把控制自己感受的权利交给了对方。同样的，如果你不懂得拒绝、允许别人干涉你的课题，那你永远都是在关注别人的感受和需求，然后慢慢地发展成心理学上的高敏人格，别人一个眼神就会让你进行灾难化的思考。课题分离这个概念很多人都在说，但是大部分人又做不到，尤其是在我们中国的文化里，很多人其实并没有非常主观的自我课题的分界，我们总是跟父母，跟伴侣，跟这些亲密关系的家人捆绑太深。他们犯错了，如果没有帮助他们变得更好，我们会自责，会愧疚。但是如果你选择去承担他们的错误，去背负他人的人生往前去走，你在做任何决定的时候都会瞻前顾后，都会有所顾虑，最后将自己沉浸在无限的痛苦和内耗里。有一本书叫《被讨厌勇气》，它里面说的就是我们。自己选择了自己的生活，你觉得痛苦是你选择了痛苦，而不是别人赋予你的。学会课题分离，不止在感情中，在所有的人际相处中，都能帮你解决 90% 的问题。

18，让他主动，他好比一本翻开的书，而你则是个谜

约会就跟跳慢舞一样，男人必须领舞，否则你就可能绊倒。"我爱你""我想你""我经常在父母面前说你，他们现在迫不及待想见你了"，这些话都应该是男人先说的。

他好比一本翻开的书，而你则是个谜。千万不要跟他说，你很久没喜欢过像他这样的男人了，也不要说，见到他之前你以为自己再也不会恋爱了。

记住，你得让他主动。得由他说爱你，如果你们两个一起去看电影，去餐馆吃饭，去旅行，都得由他来挑选。也许他有时候会照顾你的喜好，那时你再告诉他也不迟。这些都是他在感情中要做的付出，引导对方付出不仅仅是物质方面。

你应该先去见他的父母，而不是让他先见你的父母，当然，他到你父母家接你又另当别论了。如果他来接你，就让你的父母开门，不过，别让他们寒暄太久。告诉你的母亲不要冲他微笑，像是已经把他当成了女婿一样，也不要让她提及你姐姐即将到来的婚礼。记住，当妈的有时候很想操心你谈恋爱的事儿。所以你得随时准备出门，这样，他来你家时，就不会单独和你父母待太久，被盘问来盘问去："最近生意怎么样？"或者说："你有什么打算？"

这条同样适用你的朋友，他应该先在他的朋友面前介绍你，你不能先把他介绍给你的朋友。要先见过他的那些已婚的朋友或者正在约会的朋友，然后再让他和你的那帮朋友见

面。等你觉得你们的关系已经牢固，你就可以把他介绍给你的朋友了。不过，你不要在朋友面前说太多有关他的事儿，因为等到她们跟他见面后，可能不经意说漏嘴了。如果你觉得朋友嘴上没有把门的，那最好什么也别说。最好不要有一个心怀善意却不太聪明的朋友，说些这样的话："哎呀，真是幸会，贝儿经常在我面前说起你呢。"

不过你也不用担心，等他求过婚后，你大可放心地在你朋友和家人面前介绍他。而在此之前，你得让他主动！

不要过早袒露心迹，约会不是心理治疗。扼杀一段感情的因素有很多。比如，越来越难以忍受对方，比如什么事情都要过问，这些都是"感情杀手"。受很多因素的影响，女人在第一次约会的时候往往会做得很过火，比如，跟对方提到过去的情史，受过的伤害、恐惧，酗酒甚至堕胎的问题都和盘托出，她们就是想拴住这个新认识的男人。这种做法不仅要命，而且无聊透顶。你在跟男人聊天的时候必须聪明一点儿，放松心情，表现得风趣一点儿，不过也要神秘一点儿。所以，我们建议女人不要过早袒露心迹，第一次约会应该简短，这样你才不会说太多的话。记住，言多必失。第一次约会结束后，他只应该了解这些，比如，你的名字，你的职业，你有几个兄弟姐妹，你在哪儿上的大学，老家是哪儿的，你最喜欢哪里的食物？第一次约会结束的时候，他不应该知道你的情史。

如果他来接你的时候迟到了半个小时，你也不要责怪他，不要告诉他你以为他永远不会出现了，说你有种被遗弃的感觉，甚至还告诉他，你在接受心理治疗的时候特别害怕这种感觉。千万不要跟他说他的行为让你想起了从不准时的前男友。即便是真的，你也得把嘴巴捂严实了。不要担心，只要你按照这本书上面的方法，你就能自动吸引爱你、关心你的老公，这样的男人肯定会围着你团团转，你怎么会有闲暇瞎想被抛弃的事情。

如果你特别想将一个秘密告诉他，那么"欲速则不达"。将一些羞于启齿的秘密，或者让你紧张的话题告诉别人时，你最好等待合适的时机，起码要等几个月，至少也要等到他向你表白后再告诉他。除非他真的爱你，否则你的那些所谓的秘密压根儿就不关他的事儿！

许多女人都会过早地将自己的生活细节告诉交往对象。这样做不仅不明智，而且也没什么用。男人在第一次跟你见面的时候，可不希望听你讲心理治疗课。在他真正爱上你之前，没有哪个男人想听你以前的生活是多么的不堪。

你跟男人约会可不是想博取对方的同情，而是想跟他度过一个美好的夜晚，让他再次给你打电话。记住头三次约会的时候应该像夏日的清风一样，让人感觉轻松，让对方迷恋。你得让男人永远记住头三次约会时你表现出的神秘感，第一印象往往会持续很久。在熟悉以后你可以不经意地告诉他童年时的磨难以及内心的恐惧。即便说起这些话题的时候，你也应该以轻松、简短的方式告诉他。不要过分渲染自己的过去。也不要事无巨细地都告诉他，不要啰里啰唆说一大通。

比如，你曾经酗酒，现在正在戒酒中。他在第一次约会的时候想带你出去喝酒，第二次约会的时候带你去吃饭。他注意到你两次都只点了水。他想点一瓶酒，想知道你要不要跟他一起喝。这个时候你不要说："不，我再也不喝酒了。两年前，我喝醉酒，差点儿把小命丢了，现在我在戒酒，清醒多了。"这个时候你只要说："不了，谢谢。"然后冲他笑笑就可以了。等到几个月后，他疯狂地爱上了你，你觉得他不会因为酗酒的问题对你有偏见了，这个时候你就可以说："我上大学那阵儿，喝得很凶。不过，我真的不喜欢那样。现在我正在戒酒，再也不喝了，也感觉好多了。"然后你可以微笑着继续另一个更加轻松的话题。如果他真的爱你，他肯定不会让你难堪，也不会跟你争辩，或者劝你，说什么"喝一杯就好"。这个时候，为了照顾你的感受，他自己都可能会不喝了。他甚至会对你的节制和自律感到钦佩。

如果你以前得过重病，或者手术在你身上留下过明显的疤痕，那你可以等到跟他亲热时提及这个话题（这个时候他已经给了你很大的诚意），他在黑暗中帮你脱衣服的时候，你可以淡然地告诉他你以前得过病。如果他爱你，就会继续吻你、关心你。千万不要在前期约会的时候正儿八经地告诉他，他只是一个普通的约会对象，他没有必要了解你的这些，记住，尤其是在开始的时候，你对什么事情都不要太热情，也不要把你的牌都摊开在桌上。总之，你越是乐观，他就会越同情你。主动索取同情肯定不会有什么结果。再说，完全没必要让他同情你，你是优秀美好的女孩。

如果你不知道如何存钱，不知道如何平衡收支，千万别将你糟糕的财务状况告诉他，也不要告诉他，现在你之所以入不敷出，全是因为你爸当年把你的学费都输掉了。虽然我们叫你淡然面对这样的事儿。但事实是，你不太擅长理财，这一点他很快就会发现。但是，他要不要知道你欠谁的钱呢？要不要知道你把信用卡都取消了呢？当然不用啦，他只需知道理财不是你的强项就可以了。

我们并非建议你对生活中一些毛病遮遮掩掩，也不是叫你撒谎，只是不希望你这么快就将一些残酷的事实一股脑告诉他。他真有必要知道你的前男友劈腿爱上你的闺蜜吗？如果他问起的话，你完全可以这么说："反正就是吹了。"

你应该让他感觉是在跟自己的梦中情人谈恋爱，而不是跟一个被伤得很深的人在一起。如果你感觉很受伤（我们许多人都会有这样的感觉），那就多看几遍这本书，记住，你是个与众不同的女人！你身上藏着秘密没关系，重要的是你什么时候，以什么方式告诉他。

等到你们准备订婚的时候，他就应该知道你和你家人过去一些重要的事情了。我们应该真诚，应该有心灵层面的沟通，如果你接受了婚戒，却对一些事情仍然藏着掖着，在道德上就说不过去。你可以以平静、轻松的语气告诉他，千万不要跟有些女人一样，结婚后才将以前的一些丑事告诉老公，把对方吓个半死。比如，告诉他，你以前结过婚，或者告诉他你大学没毕业，这可不好，对他也不公平，如果你想维持一段美好的婚姻，这么干可不行。

花卉就是在柯泽对他求婚的时候，告诉他自己有过一段婚姻，因为种种原因没有经营下去，一直没说出来是不知道该怎么开口。当下柯泽是被吓到了，花卉也没有戴上戒指，两天之后花卉才再次收到苛责的电话，当然他们现在已经结婚了，但是也许有些男人就是无法接受，那么接下来你就得接受分手的事实。记住，你没办法改变别人的想法，也没办法左右男人的决定，你只需要在你们感情浓度最高的时候说出这些所谓的你的短板，接下来要么他接受，你们顺利进入下个阶段，要么他不再找你，这也不是你的错，我知道此时你肯定很难过，在焦虑的时候请你再拿起这本书，继续从头读一遍，你的那个他在来的路上。

19，既要坦诚又要神秘

男人天生喜欢神秘！如果是二十年前，在男人面前保持神秘并非难事儿。女人一般都会待在家里，由她们的妈妈接电话，她们绝不会告诉男人，谁还给她们的女儿打过电话。约会对象也不会那么快看到女人的闺房。如今就不一样了，男人会到女人的住处来接她们，甚至还会看到她们放在洗手间的内衣裤，放在客厅的爱情小说，开放对婚姻而言固然有益，但在约会期间保持一定的神秘感很重要。

我们一直都在寻找一个跟我们共同生活，志同道合，可以分享感情的人一起过日子，但我们大可等到他说爱你，才把内心深处的秘密告诉他。他在你身边的时候，就不要让他听到别人给你发的微信语音的内容了，让他猜测除了他之外还有谁在找你，约你！也许这个人是你闺蜜，她可能在感情上受挫，有自杀倾向，但这种事情没必要让他知道！

如果你的约会对象在你身边，而你的朋友恰好打电话来打听情况。你不要说："李鑫在这儿，我不方便说话。"这样说等于告诉对方，你老在朋友面前谈起李鑫这个人，可见他在你心目中有一定的分量。即便你真是这么想的，也不应该让对方知道，不要让他知道你心里惦记着他，不要让他知道你和朋友聊天的时候也会说起他，否则，他可能会觉得不用花多大工夫就能把你追到手。你只需简单地说："我现在不方便说话，晚些时候打给你吧。"挂断电话后，你不要告诉他谁打的电话，也不要解释原因。

在他来你家之前，你得把这本书和别的恋爱秘籍书都藏好。只能让他看到那些畅销小说或者非小说类书籍。你还得将那些难看的浴袍，以及一些别的东西，比如百忧解（一种治疗精神抑郁的药物）藏在衣柜里，不让他看到。

总之，除非很有必要，否则不要透露任何不相关的信息。如果他某天晚上约你出去，你恰巧有事，大可不必告诉他你具体做什么，只说你很忙就是了。如果他约你周末出去，你也不要说:"我这个星期要去看我哥哥,我嫂子刚生了小孩。"你只需说:"对不起,我已经有别的计划了。"言多必失,让他去猜测好了。你不必毫无隐瞒地讲给他听。这既是为了他好,也是为了你自己好。你得一直让他保持新鲜感。你肯定也不想让他觉得追你太容易,很快就对你失去了兴趣。你得记住,只要时机成熟,什么事都能和他讲!

另外,你是不会撒谎的。不要跟运动型的男生说你喜欢运动,喜欢徒步,其实你根本不喜欢运动。不要因为你的男友喜欢小孩,你就跟他说你也喜欢小孩,也想有自己的孩子。无论如何都不要撒谎,这是宇宙通用法则。

20,如何推进婚姻

现在你们已经交往快一年了,并且你是个懂得恋爱准则又一直在执行的女孩。这个时候他还没有和你聊过任何关于结婚的话题或打算,那么你就要重新再读一遍这本书,然后打开你的交友软件,去重新认识新的男生。,当然这些都不用告诉他,他只是你的男朋友,没权利干涉你的交友,也完全不用知道你的想法,这个时候你就要减少你们的约会了,也不能再有亲密行为。交往一年还没有向你求婚,可能他永远都不会和你结婚,如果你的后撤让他感觉到了,他又很怕失去你,这个时候他知道,他必须把你娶回家才不会失去你。如果他对你的这些行为不为所动,那么就开始新的约会吧,这个男人可能早就想让你这么做了。男人就是这样,有些事情他们喜欢一直耗着也不愿意明说。我知道你会很难过,但是不得不说可能你还没看懂这本书,再去重新读一遍,并且请坚定地执行。

接下来他向你求婚,那么他也得去问问你的爸妈想娶你回家要遵守哪些礼节?

我有个女粉丝私信我,她跟老公当初结婚的时候,男方家里的条件不好,她的父母一直不同意,在她的一再坚持下,父母才勉强同意,但是有个条件要20万的彩礼。当时她婆婆拿了4万,加上小两口的积蓄,东拼西凑才凑齐了20万给她爸爸,她一直以为爸爸会返回一部分给她们,结果她爸爸压根儿就没提这个事儿。公婆在筹备婚礼的时候多少有些不情愿。这位女粉丝当时也觉得不妥,但是她老公却非常坚定地跟她说,你远远超过20万,这是我赚到了。他们结婚两年后她生了个女儿,她爸爸来看她的时候,把收了20万的彩礼还给了她,然后她的妈妈对他们说,你爸爸终于放心了,这卡里是20万。原来她爸爸用了两年时间来考验她老公,坚持收了20万,只为给他的女儿留条后路。

对于现在很多家庭来说彩礼早已经不是钱的问题了,而是女方父母的牵挂和男方家庭的态度。要彩礼不是目的,其中的认可、尊重、保障才是。

而且你也知道结婚意味着什么?你们很快会有小孩,孕期你会有孕吐反应,也许还需要保胎,你没法工作,收入受到很大影响，接下来生完孩子你们得有一个人为家庭做出时间上的付出，如果这个人是你，那么他必须给你很多的安全感，换句话说他必须给你一定的经济保障，让你更好地度过产后的抑郁期。

假如这个时候他或者他的家人觉得你们家提出的彩礼太多，又或者房子太贵，在现阶段加名字确实他也会觉得不安全，那么就看看他愿不愿意把他的存款给你？或者工资卡交给你？总之他必须做出一些实质性的付出，让你也看到他的诚意，如果什么都没有？那你就要想想为什么你会爱上这样的男生并且让自己走到今天这步？

没有物质保障的婚姻是很难幸福的，记住你是很棒的女孩，完全不用为了结婚去逃避什么？婚姻是锦上添花不是雪中送炭，你也不会为了结婚而结婚，你结婚的原因就是为了幸福！所以你们可以说再见了，还记得吗？你内外兼修，就算没和他结婚，这一年的经历也对你有帮助，它让你成长。再拿出这本书读一遍，然后继续去约会就好了！

21，爱情值钱吗？

我常常会遇到女生来找我哭诉，说自己相爱多年的男友因为几万块钱的彩礼就闹翻了，转头对方愿意花更多的彩礼，取了相亲对象。我记得其中一个姑娘，印象特别深刻，也很具有代表性，她找我哭诉，说："我想不通，我跟他谈了七年恋爱,他却连 10 万块钱的彩礼都不肯出,但是他跟那个女生才认识了一个月,就给了对方 20 万彩礼。我想不明白的是,那个女生也没有比我漂亮啊,这到底是为什么呢?他是不是从来都没爱过我?"

我不觉得这个男生没有爱过这个女生,但他舍不得花 10 万块钱娶相恋多年的女友,却愿意花 20 万娶相亲的女生的这种做法是非常符合人性的。对于这个问题,我有两个答案:

第一个答案,旧人不如新人好。

在婚恋关系中,男人,不是不需要爱情,也不是不需要陪伴和理解,但是男人更懂得抓住问题的核心。他们的核心是什么?就是过健康的性生活,生养基因良好的小孩,开启安全舒适更好的日常生活。面对一个长相、智商、学历、性格、情绪、工作和家境都可以的女性,男人呢,分分钟就想娶回家。

女人,就不同了,相比于婚恋的核心需求,她们更重视爱情本身,即使遇上各方面条件都很好的男人,她们往往也要反复确认一件事情。他是否真的爱我?

于是,这个考验期,就说不准了,目光锐利的,感觉精准无比的女孩,只需要三秒钟就可以给出答案,一秒思考,一秒装矜持,一秒说出好,但是对于反应不太快的女孩子,这个考验期就变得无比漫长。这个考验期对女生而言,就是谈恋爱,由于女生,太沉迷于爱情的细枝末节,往往忽略了核心问题,这就导致了一种常见的社会现象,很多优质的白富美嫁给了一无所长的男生,美其名曰嫁给了爱情。

当女生心中想结婚时，很多男性早就没有结婚的冲动了，但生活的残酷在于，经过了很长时间的恋爱，女生觉得自己跟男友感情深厚，足以托付终身。但男人，虽然已经习惯了对方的存在，同时也腻味了对方，可两人毕竟好了那么久，亲友都认可，不跟对方结婚，这事也说不过去。在这种心态下，男人是不愿意付出高额彩礼的，甚至希望对方有更多的陪嫁。有经验的女生，可能注意到一个情况。假如男友很爱自己，恋爱不久，就会提出结婚的要求。

什么条件都愿意答应，但两个人谈了久了之后，男友就不怎么提结婚的事儿了，即使谈婚论嫁，男的也会变得锱铢必较。如果女生不理解男人的这种心理，我们不妨打个比方，一个 LV 的包包，让你免费试用三年，然后要求你用原价或高价买回去啊，2 万块钱你还愿意吗？不会的，你要换个新的包对吧。

那怎么样才能够让你心甘情愿地把这个旧的 LV 包买回去呢？必须打折处理，最好还送你一个小礼物，你看包是你自己用旧的，临到买单，你依然当成二手货看。

到这里，你是不是要大吼一声了，爱情怎么可能当买卖呢？很抱歉，男人就是这种心理，他呢，不是不讲感情，但不愿意花大价钱把旧人娶回家。

请注意，在这里是大部分男人，并非全部，婚前激情大于感情，婚后利益大于激情。但是无论在婚前还是婚后，利益永远大于爱情。

第二个答案，男人对你的爱，都要折算成钱。我们前面提到，当一个男人发现合适的妻子的人选是想省略爱情的过程的，但是女生不愿意，要考验考验对方，那么男人为了能够追求到你，他只能配合，而且还要百般对你好，你才能够点头。有句话是这么说的，命运所有的馈赠早已在暗中标好了价码。男人在爱情期间呢，对你的各种好最终都会折算成钱。假如一个男的没有金钱垫脚够到你，他为什么还要追求你呢？这个时候，大部分实力不足的男人，为了达到他的目的，就会各种献殷勤，赢取你的芳心，直到你彻底爱上他，离不开他。既然你都非他不嫁了，那他作为唯一的买家当然有议价权了。你看我都对你这么好了，你好意思要那么高的彩礼吗？意思意思得了，恋爱期间，我都为你花光了积蓄，那往后的日子咱怎么过呀？你能不能跟你爸妈商量一下，多给点陪嫁，比如说给套房子，给辆车？放心啊，结婚以后我会对你更好的。

所以为什么现实中很多嫁给爱情的女人，往往是过得一地鸡毛，因为她们最终要为自己的爱情买单，男方当时打动她的各种暖，婚后她都需要自掏腰包为暖气费买单。

那么再说相亲，很多相亲认识的对象呢，或者说是亲戚介绍的，人家并没有爱上他，也不是非他不可。此时呢，想要留住对方，就只能出高价，彩礼多少就代表了他的真心，不然人家爸妈也不答应啊。说到这儿，是不是此刻的你会问，照你这么说，女人是不是压根就不用谈恋爱了？只要相亲就

恋爱之路 ▍一步一步走向幸福的指南

好了?

如果你还是想要婚后过上更幸福更安心的生活,那恋爱是一定要谈的,不过你得聪明地谈。

花花呢,今年 26 岁,出生在二线城市,父亲是当地的有名企业家,她高中毕业以后留学全球排名前 50 的名校,花花的第一个男朋友,是自由恋爱,相识于剧本杀活动,男方,长得很英俊,并且是 985 毕业的,上进心也强,年薪不低,是典型的潜力股,叫小李。

小李,家境是三线城市的工薪家庭,他俩谈了三年恋爱,很自然的结婚就提上了日程,谈到彩礼,婚宴,买房这些结婚的细节问题的时候,就谈崩了,彩礼 9.98 万,旅行结婚,就是没有婚礼,没车没房,这已经是男方最大的诚意了,因为男方家境普通,小李又是刚参加工作没多久,没什么积蓄,掏空三个钱包也只能凑出 10 万块钱彩礼,意思意思,至于在大城市买婚房的事儿,实在是有心无力,想都不敢想。不过,小李还算坦诚,说一线城市的房价太高了,希望女方家能出资买房。

双方父母,在见过面之后,这事就算黄了,花花的爸妈全程冷脸,最后不欢而散。回去之后,花花的爸妈,就发动了周边的各种资源给女儿相亲,在父母的软磨硬泡下,花花硬着头皮和父亲的老战友张叔叔的儿子,我们叫他小张吧,见面了。

张叔叔家在当地呢,是排得上号的纳税大户,小张,自

Ⅲ恋爱准则

然也是名副其实的富二代。小张长相中等偏上,读书混了个英国水硕,在父亲的企业里面工作,也算无功无过吧。

张家在了解到花花的详细情况后,开出了在我看来十分有诚意的聘礼,听听看:108万彩礼,60万首饰,一辆玛莎,别墅加名。那么如果你是花花,你该怎么选呢?这个案例就引出一个经典的问题。

爱情到底值不值钱?

这个要看站在哪一方的角度看问题。对于条件优渥的一方来说,要为爱情买单很费钱,比如说小张,付出千万彩礼,对于条件差一点的一方来说,可以利用爱情省钱或者赚钱,比如说花花的男友小李,只要女方爱得真切,非他不可,那么用10万块钱就把花花给娶回家了,再过几年大概率还能撬动一线城市的半套房子。这不是赚钱是什么呢?而且这样的案例,我相信你身边什么也不少。

总之,爱情既值钱又不值钱。对穷人来说,爱情是金矿,甚至于可以让自己实现阶层跨越,对于富人来说,爱情是奢侈品,足以让自己倾家荡产,对吧?

对于女人来说,婚恋中存在一个悖论。想要多拿彩礼,你就不要谈恋爱,这就可以了。要想选择自己喜欢的人,那你就不要指望他多高的彩礼。

在我看来啊,两个人的性格修养和情绪的软性条件,就决定了你的婚姻质量。但是相亲,往往考察了双方的硬性条件是否匹配,匆匆结婚的话,还是比较冒险的,所以,我对女生的建议是，恋爱还是要谈的，并且要认真谈，有策略地谈，在你们建立恋爱关系之前，就要先进行理性的考察，考察什么呢？当然是对方的物质和其他条件，也就是说这个人是否能够在两年内走入婚姻，他是否具备这个条件。

说俗气点呢，就是先掂量掂量对方的家境和现在的经济状况，性格成熟吗？外貌、职业这些发展要素呢？是否适合做你未来孩子的爸爸，他配吗？如果这些都没有问题，那你再和他谈恋爱。

如果对方的条件都适合，那走入婚姻，你再爱也不迟啊。但是对于那些不符合条件的恋爱对象，什么浪子啊，帅哥呀，你要是已经28岁以上了，你要是没有财务自由，我劝你慎重，耗不起的是你。

如果满意对方的条件，你再和他恋爱，谈上一段时间，如果男生提出结婚，那你就很自然地答应了，你就大胆地提各种结婚的要求，当然是合理的，在对方的能力范围内的，这个时候，你就谈恋爱一年左右吧。男方呢，尚在激情之中，很容易满足你的各种条件，感情发展到一定程度呢，水到渠成，走入婚姻的状态，大概率是恋爱最好是一年，这是男人最上头的时候。最怕的你事先不考虑清楚，也不知道自己要什么，就是因为当初男方追得紧，对你好，甚至当时呢，你在空窗期比较无聊，就贸然地答应在一起试试，甚至同居，然后你在这段关系当中，你一直无法确认对方是否适合结婚，你犹豫与徘徊，在等那个男人的成长，盼着他发财，然后，在拉扯了四五年甚至更久,你发现在这个人身上耗光了青春,终于决定要出嫁的时候,男方已经意兴阑珊,这个时候急的是你,被动的也是你。

综合上面的案例,花花的正确操作是在和他门当户对的世家子弟里面找对象,找十个从中挑一个对自己最积极的谈恋爱,谈个一年结婚。

再说那些个恋爱长跑的来找我咨询的案例中,有恋爱长跑七八年的,发现男方聊骚问我该怎么办?也有谈了三四年的,女方想结婚,发现曾经爱的火热的男人,要么婚前杀价和你说没有彩礼,要么就是不急不慢,拖着你,大饼给你画着。更有谈了七年一场空的,因为结婚的事情和男方大吵一架。男人转头娶了刚认识两个月的小师妹。

所以啊,但凡你懂点人性,就不会恋爱长跑,更不会同居。能这么做,有一个算一个,最终你要为你的低认知买单。

更多的女性是在多年的拉锯战中,沉没成本越来越大,可怕的是,往往有的人还抱有侥幸心理,对这段已经走坏的关系心存幻想,因为怕失去,所以不敢提,不敢问,被吃干抹尽耗光了希望之后,再被一脚踢开。

记住一句名言,所有的恋爱长跑都是在骑驴找马,没有之一。最后我总结一下啊,聪明的女人想好了再谈,在符合结婚条件的对象中挑选恋爱对象,谈恋爱最多不要超过一年,趁着对方上头,赶紧把事办了。如果一年后呢,男方只字不提结婚,那么你就有数了,他并不想娶你,你呢,不符合他老婆的标准,你也好尽早做打算。记住婚姻,也遵循丛林法则,当你弱的时候,遍地都是欺负你的渣男;当你强的时候,你会发现整个世界都温柔了起来。

22,不要跟已婚男人约会

和已婚男士或者有女朋友的男士约会显然是在浪费时间。不仅如此,这样做既不厚道,也很愚蠢。既然如此,为什么许多女性还乐此不疲呢?有些女人觉得聊胜于无。有些女人则认为这种违背道德的危险恋情(比如偷偷在酒店幽会)很有趣,充满刺激。还有些女人则幻想,有朝一日,和她偷情的这个男人会离开自己的正牌妻子。

这些女人的共同特点就是缺乏自尊,否则的话,她们为什么这么容易就得到满足呢?我们并不是特别提倡心理治疗,但我们也认为,去做一个小时的心理治疗,找出你这么做的心理原因,值得一试。

当你和已婚男士约会,你基本上就把大好时光都耗在漫长的等待中,巴望着他与妻子离婚的那一天。但他承诺的离婚期限从情人节拖到圣诞节,然后从元旦拖到劳动节。你眼巴巴地在电话旁干等着,等他的妻子带孩子回娘家时,他才能抽出一两个小时来陪你。情人节、他的结婚纪念日或他妻子生日那天,你肯定见不到他,唯有暗自神伤,泪湿衣襟。你总是排在第二位。刚开始交往时,你们山盟海誓,尽享鱼水之欢。但到头来你终究逃不过趴在闺蜜肩头哭诉的命运，恨不得他的妻子马上去死。

我们是不会对你有太多同情的。与已婚男士约会本来就不厚道，而且也彻底违背了准则。不是我们的就不要去强求。不要和已婚男士有染，否则，一旦事情败露，你的名声扫地，那些有男朋友或老公的女性都会对你敬而远之。假如你近期邂逅了让你怦然心动的已婚男士，你也必须学会自我克制。假如他就是你心目中的理想丈夫，和他成为朋友，在心里祈祷他会离婚。但在此之前，你必须告诉自己，一定还有一位像他那样的单身男子在某个地方等着你。然后，你得找点儿事儿做，使自己忙碌起来。你可以去参加单身派对，下载交友软件，或者去相亲网站，要不让朋友给你介绍对象也行。总之要行动起来。你可以去健身房，或者找家医院去当义工也行。不要成天坐在那里，对他朝思暮想，否则你可能会由着自己的性子胡来。

和已婚男士约会很容易，因为你可以憧憬着未来和他在一起的样子。尽管听起来有些唠叨，但我们仍然不得不说，一旦和已婚男士约会，你的日子永远也不会消停。即便他和原配离婚，你又能肯定他真的会娶你？

你是一个优秀的女孩儿！你大可不必为了一个男人而过得紧张兮兮，成天坐立不安。男人只有两类，一类是爱你的单身男人，另一类是和你在感情上毫无瓜葛的已婚男人。你不用歇斯底里地等他离婚来和你过。你也不用在他携妻儿畅游迪斯尼时，眼巴巴地等他来陪你。你有属于你自己的生活。

你不要太天真。因为我们知道，婚外情比比皆是，已婚男士与妻子离婚并娶了小三，这种情况偶尔也会出现。我们就认识这样一个女孩，她盼了整整五年，那个已婚男人总算和妻子离了婚。他们现在已经结婚，并过着幸福快乐的生活。她算是十分幸运的了。你愿意冒这个险吗？你有能力冒这个险吗？

很多受到一些当下大女人言论的女孩，她们所谓的目标明确，图已婚男人身上的资源和物质，那就祝福你们真的能像男人一样理性，也祝福你们不会被原告起诉，最后把用身体换来的东西都还给了对方。

23，如果你是离异女性或者单亲妈妈，当然也应该看这本书

如果你是离异女性或者单亲妈妈，当然也应该看这本书并遵循这些方法。而且，你在约会时还得特别小心，千万不要提及你第一次婚姻的种种不幸，也不要过多谈及你的孩子。

如果你社交聚会上认识了某个男人，则完全没必要提到你的孩子。把你的联络方式给他就行，然后等着他联系你，到时候再顺带提到孩子的话题。不要以严肃的口吻说："我有件事儿得告诉你。"记住不要过早袒露心迹，我们建议你以一种非常随意的方式将这种事情告诉他，比如，轻描淡写

地说:"哦,那是我儿子在弹钢琴呢。"如果他约你星期六晚上出去,你不要这么说:"星期六晚上九点,没问题呀,不过,我得让阿姨帮我看一下孩子。"不要把带小孩的细节都讲给他听,也不要抱怨说,你前夫本该来照看小孩,可那家伙就是不靠谱!这种事情根本没必要告诉男人,比如,你过去三个月都没有收到离婚赡养费,说什么你儿子得买双新鞋了。你只要说:"星期六晚上九点啊,没问题!"在这个恋爱阶段,他感兴趣的是你,而不是你的家庭或者你的困难。

请不要曲解这个建议。我们可不是告诉你对自己的过去或者孩子的事儿遮遮掩掩,羞于启齿。你得等到合适的机会告诉他才行(得等到关系更成熟些再讲才合适)。在头几次约会中,你最好在公寓的休息室或者餐厅见你的约会对象,不要把他介绍给你的小孩。这么做既是为了你约会对象考虑,也是为了你的孩子着想。你今天跟张三约会,明天跟李四出去,你的孩子没必要一一认识这些人,如果你跟某人是认真的,才可以让他跟你的孩子见见面。你得让他好奇,想见见你的孩子。让他觉得见你的孩子是荣幸,而不是例行公事。在恋爱的初始阶段,这样的事情应该先缓一缓,将来慢慢再告诉他。得让他觉得认识你所爱的人是一种荣誉。

对了,你可千万别以母亲的身份做挡箭牌,不去跟人交往。如果你有了孩子,意味着你经常可以认识一些结过婚的男人,参加家长会和少年特长班的时候,身边都是一对一对的,你也许会觉得自己只是个多余的人。不过,你得记住了,肯定也有不少单身父亲出席，而且他们有再婚的想法。所以，参加家长会的时候，你要面带微笑，穿一身漂亮的行头。跟孩子们参加各种社交活动。保不齐就能找到心仪的对象呢。

24，一定要警惕，不要让自己对任何人、任何事产生依赖

因为依赖的根源是贪，可怕的是你执着什么，就会被什么所骗，就会被什么所累，就会被什么所伤。也许你不爱听，但事实是依赖的底层是情感的剥夺和占有。这种越过边界的不独立，容易毁坏任何一段关系的品质，更容易失去自己。

一个失去了自己的人是没有力量可言的，更别说吸引力了。成事成人成物前先要成己。可能你要问了，那如何成己呢？想起一首诗：去爱吧，就像不曾受过伤一样；跳舞吧，像没有人会欣赏一样；唱歌吧，像没有人会聆听一样；干活吧，就像不需要金钱一样；生活吧，就像今天是末日一样。如果自己是有爱的，这段关系也会充满爱，对方也会因此活出爱。

那些在感情中过分依赖对方的人，在潜意识里面她其实是不自信的，甚至会觉得说像我这样破碎的人，有一个人爱我，我一定要牢牢地抓住他，但是你一定要明白，根本不可能有人真的能救你。你自己过不好，那个救你的人，很可能一转身，他就会成为推你入深渊的人。长久关系的本质，他就是利益价值的交换，没有人会爱一个没有价值的人，更不要想当然地觉得说，既然你爱我，那无论我变成什么样，你

都要爱我，不可能的，这个世界上没有什么东西是永恒不变的。唯一不变的就是这个世界一直在变化，包括人性。女孩一定要记住一句话，任何事情永远不要将希望寄托在别人的身上，无论是情感还是工作，否则唯一的结果便是措手不及，满盘皆输。安全感这件事，除了自己给自己，别无他人。

记住，一定不是有了对方，你才会觉得自己是被爱的。只有不把希望寄托在别人身上，你才永远不会失望。生活上要独立，喜欢的东西自己赚钱买，不要总等着别人送，想去的地方立刻出发，不要总是求着别人陪，精神上更要独立，不要指望别人来理解你的情绪，没有遇到对的人，高兴就变成了显摆，难过就变成了笑话。你只有成为自己的太阳，才能不凭借任何人的光芒。能让你幸福的，不是对方承诺的永不变心，而是你保持独立的自我认知。

如果一个人总是不在乎你，那么就收回你的付出和热情，不要总是去讨好一个不爱你的人，你唯一需要取悦的是自己。至于其他人，看你们的交情，更要看你的心情。别人珍惜你，你就加倍奉还，别人不在意你，你们就各自安好。不要强求，更不要卑微，也不要为自己没有得到的东西遗憾，并不是你不配拥有，而是你值得拥有更好的。他已经在路上了，你只需要耐心地等一等。

一定要记住，先学会爱自己，才能更好地爱别人。就像是一条河，源头的水足够了，才能更好地融入大海，你才能给对方一个优质的爱人，而不是通过委曲求全和卑微付出来求着对方留下。爱别人要克制，三分足矣，才不会显得廉价便宜。爱自己呢，就要不遗余力，多去接触新鲜的事物，多和优秀的人相处，多去努力赚钱，把时间都用来爱自己，这才是你打开幸福大门的钥匙。爱人前先爱己，如此，你既不会控制，也不会依赖。

调整以他为主的这种思考方式，要学会把自己放在第一位，比如说对方告诉你我正在忙，那你就让他去忙，千万不要连环夺命扣地去追问。同时记住一个点，自己有事情要忙的时候，也得让他先等一等，不要对方一说你在干吗，即使我在忙，那我也马上拿出手机回复他，不要这样。哪怕是谈恋爱，也一定要找到自己的重心，只有独立的爱情才有可能成就更好的自己。

学会让自己诱人，而不只是黏人。你每天光围着他转，你围不到就患得患失，担心他会离开你。有这些时间去想东想西，不如用这些精力去提高你自己，无论是增长见识还是经营外貌，其实都是一种投资，我们经常说爱情它是需要保鲜和经营的。人一样也需要呵护和保养，特别是女生，别熬夜，吃健康的食物，增加运动，认真护肤还有多读书，可以的话多出去看看不同的世界。

25，不断练习，熟练运用

如果你真觉得自己需要恋爱方法，你就应该反复阅读这本书，尽可能将里面的方法付诸行动。不要指望第一次就做得很好，也不要认为每次都应该遂你的愿。这也是不可能实现的。我们也曾违反过准则，受到过伤害，然后才痛定思痛，按照准则行事。

千万不要泄气，要不断练习！如果有男人对你说："我看得出来，你当年可是舞会上最漂亮的女孩儿。"但并没有对你发出什么邀请，这个时候你只管本能地冲他笑笑，什么也不要说。但是，如果你平常就是大话痨，你也许会解释说，高中的时候你比现在重 20 斤，那时候从不出门。如果他真打算娶你，你大可等到将来再把这些糗事告诉他，到那个时候，这些事情也就无关紧要了。我们经常发现很多女人常会后悔，在头几次约会时就把内心深处的感觉和想法口无遮拦地告诉对方。如果你学会沉默，保持神秘，保准你不会后悔。

如果你很想给他打电话，那就打电话给朋友、给你妈或者出去遛狗，回应交友信息，直到那股冲动劲缓过去。你还可以给那种不会恋爱方法的朋友打电话，这样，你就会吸取教训，知道女追男会有多痛苦。如果你非要给男人打电话，即便是给那个人还不错的前男友打，也不要给你心仪的对象打。因为你跟前任已经结束了，打个电话又没什么损失，但是，如果你去主动追现任，那他对你的那团爱火可能被你浇灭。

其实做到这些的时候根本不用多聪明，而只需拿出决心就可以了。事实上，那些受过高等教育的女孩反而不懂这些。她们往往会对这种东西不屑一顾，这些人经常会说："我可是研究生，才不要玩这种把戏呢。"或者说："我是企业高管，我会直接告诉他们我的需求，我的想法，以及我是什么样的人。如果本小姐不乐意，我干吗要在他们面前扮淑女，赔上笑脸。"

如果你觉得你很聪明，用不着看这些，那请你先问问自己："我结婚了吗？"如果没有，那是什么原因呢？会不会是因为你做错了呢？想想看吧。

即便你现在并不急着把自己嫁出去，说不定哪天就改变主意呢。我们认识不少女人，她们在20几岁的时候都说不要结婚，不要孩子。她们告诉我们，要以事业为重，交几个朋友，经历几段浪漫的关系就行了。所以，她们遇到男人时，才不会跟他们玩"欲擒故纵"的把戏呢。她们像对待女性朋友一样对待男人，把他们当哥们儿。直到某一天她们遇到个大帅哥，一双电眼把她们迷得神魂颠倒的时候，她们不仅想跟他结婚，而且想为他生孩子。这些女人从来都不了解恋爱方法，从来没实践过。所以，你应该经常练习，保不齐哪天就想结婚了呢。

如果你完全不知道两性知识，不知道恋爱方法，就会不可避免地受到伤害。而如果你知道并遵守，就会发现谁是真正爱你的。知晓答案可能让我们一时痛苦，但当断不断反受其乱,跟那些不感兴趣的人早点划清界限,总比维持自己不满意的恋爱关系要好。

比如,你邀请一个男人出去,可对方拒绝了,或者他出于礼貌表面上答应了,却再也没打来电话。你肯定会很受伤。但是,如果你不主动约他,他从来都不会伤害到你,如果真要怪,那也只能怪你自己。如果男人没有主动约你出去,那他们就不想跟你在一起。所以,你只管做自己的事儿,相信自己肯定会遇到真正喜欢你、想跟你在一起的人。尽管你会在一段时间里觉得孤独,觉得受伤,但总比被人拒绝的好。

你也许会想:"如果没有了那谁,我连个单身异性的朋友也没有了,周末会很无聊。"不要计较短期的结果。你要相信自己,肯定有别的法子可以填补你内心的空虚。你也许可以去跑步,没准儿你能在跑道上遇见某人呢。回头想想吧,只要你遵守恋爱方法,失去一段感情,只会让我们遇到更好的。

你现在明白了吧,如果你爱对方甚于对方爱你,受伤的往往就是你。你得以恋爱方法来约束自己的思考和行为方式,这样就会避免不必要的伤害。还别说,你越是想得到某人的爱,得到某人的关注,你越是不能得偿所愿,到时候你会觉得更加心灰意冷,更加郁闷。如果你能遵循准则,就不用那么苦苦挣扎了。既然人家不要我们,我们又有什么好纠结的。我们才不用强迫别人喜欢我们呢。

我们必须重新对"满意关系"进行定义。满意的关系是两个人之间长久的关系，而不会是短暂的，使人伤痕累累的关系！

我们在生活中也有要遵循的规则，不管我们想不想结婚，都会跟人划定界限。有人跟下属、保姆或者钟点工的关系太过亲密，这样的后果往往就会被她们利用，导致她们忘记自己的职责是什么。为人友善固然是好事，但我们也要端出老板的范儿。我们会答应临时提出的约会请求，或者等着男人先挂电话，但之后就会觉得很空虚。工作的时候，如果我们努力想让同事喜欢我们，就会特别辛苦特别累。

这些准则也能用在职场。如果你的老板经常忽视你，或者不是特别喜欢你，你完全不用讨好他，比如，没话找话，问问他周末过得如何，提议一起跟他吃午饭，或者带来你自己做的小甜品，如果你的老板没有带你出去吃午饭，那是因为他压根儿就没这个想法。如果你们的办公桌挨得很近，你也不要时不时盯着他，和他有眼神的交流。你只管盯着自己的电脑屏幕或者办公桌上的文件就可以了。谁也不会喜欢那些溜须拍马的人，所以你最好表现得专业点儿，高效地完成自己的工作，一声不响地把自己的工作处理好。不用在老板面前邀功，说你干活的时候有多卖力，也不要刻意在办公室待到很晚，为了给人留下好印象。也不要因为来得太早，或者头一天晚上熬夜，一脸憔悴、蓬头垢面地来到办公室。同事和老板喜欢那种在正常的工作时间里施展本领，完成分内工作，同时有着正常社交生活的人。你可以穿着得体（你可以打扮打扮自己），像下班后还得去赴约一样。

如果你把这本书当成生活手册，而不是只想着用它来帮你找个如意郎君，那么你就能经常用到了。等将来遇见自己的梦中情人，你自然可以信手拈来。

26，即便你已经订婚或者已经结婚，也需要这些

从理论上来说，我们从刚认识男人那一刻开始，就要遵循这些准则了，这个过程一直持续到他向我们示爱，向我们求婚。但是，如果你没有那么幸运，在阅读本书之前对本书一无所知，那我们建议你尽快努力开始学习，也算是未雨绸缪嘛。

不过，如果你仍然对这些一无所知，那也不要指望完全改善你同未婚夫或者老公从一开始建立的关系。比如，这段感情是你主动的，当初为了维系这段恋爱关系，是你主动给他打电话，约他出去，那他肯定还会指望你继续这么做。他不用担心要怎样做才能娶到你，早就知道你是他的人了。因为你每次说的话，做出的每个动作都向他传达了这样的信息，所以，从某种程度而言，他觉得这一切都顺理成章，已经习以为常了。而且，十有八九都是你主动挑逗他跟你上床，问他喜不喜欢你。你希望他能少待在办公室，少跟狐朋狗友出去，多花点时间陪你。你甚至还会经常担心他有没有外遇。

如果你从一开始就没有遵守这些，你的老公很可能忽视

你，跟你说话时也是粗声粗气，对你不好。这时候你可能会想："他的这种行为是不是缺乏教养的表现，要不就是过去落下过什么阴影吧？"也许是。但我们觉得还是因为你没有遵循准则。他从来不会把你当宝贝捧在手心。同样的男人也许他会对当初主动追自己的妻子不闻不问，但如果你遵循了这些，他的表现可能大相径庭。

如果你遵循了准则，家暴自然也不会发生，因为他当初为了追到你，可是费了九牛二虎之力，在他心目中，他觉得你是世界上最漂亮、最好的女人，捧在手里怕摔了，含在嘴里怕化了。

不过，你也不要绝望。现在就应该尽量遵循准则，也许他能注意到你的行为跟以前不一样了，也就不会对你熟视无睹了。以下是5条建议：

1，不要经常在他上班的时候给他打电话。即便打电话，也要言简意赅（比如问他电影几点钟上演）。千万不要说："我好想你。人家今晚想跟你亲热了嘛。"应该由他来打电话跟你说这些缠绵的话。

2，即使你心里按捺不住了，也不要主动挑逗他。在卧室里你得让他做个雄起起的男人，让他成为主动者。从生理学的角度考虑，男人应该主动追求女人。如果你老提出性爱的想法，你把他男人的尊严置于何地。你得表现得像第一次约会时那样，做个只吸引他的女孩，表现得羞答答的。你可以穿一套性感的睡衣,穿一套让他想入非非的制服,等他想吻你,你再跟他调情,到时候他准会跟饿虎扑食一样。

3,打扮得漂亮点儿,稍稍性感一点儿。没有哪个男人回到家时,愿意面对一个成天不修边幅的女人。试着穿那种紧身牛仔裤,迷你裙,颜色亮丽的深V领衫。稍微化点妆,喷点香水,洗干净头发,像是要跟他约会似的。

4,表现要独立,总是来去自如。不要老坐在沙发上等他回家。不要老是烦他,比如不要老是拿一天中的琐事和苦痛经历来烦他。你可以跟朋友、孩子、邻居制定各种计划。只管去看电影,去商场购物。到时候他一刻也不想离开你。如果他感觉你老不在身边,也许会将你堵在厨房里,向你索吻。如果他回家的时候,你一直在打电话,他可能会抓狂,因为他想独自占有你。如果你能遵循准则,这些东西自然会水到渠成。他会感觉永远爱不够你似的。他可能在工作时打来电话,建议过过二人世界,比如共进浪漫晚餐,周末度个假什么的。这不是正中你的下怀。男人喜欢独立的女性,因为他们也乐得拥有自己的时间。他们喜欢追求那种成天忙忙碌碌的女人,这样才够刺激。

5,培养兴趣爱好。大多男人都喜欢在星期天的下午,舒舒服服地坐在躺椅上,喝着啤酒,看球赛。有的还会把工作带到家里来,整个下午都对着电脑。要是男友或者老公将你排除在外,或者根本不留意你,你会感觉空虚。你千万不能因为无聊,让他放弃这种爱好,不准他跟朋友出去鬼混,不准他工作。如果你比他还要忙,他就会更加注意你。那你可以跟孩子们出去,跑跑步,或者去健身房做做有氧健身操。这么做不仅会让你忙起来,还会让你保持好身材,让你更能吸引男人的注意。你穿着紧身健美服时,他也许还会怀疑别的男人也会盯着你看呢。这对你们的感情大有裨益。到时候,他会主动关掉电视机或者电脑,跟你单独相处。你可以参加慈善活动,看看书,运动运动。关键是让自己独立、忙起来。这样,你就不会成天围在他身边,抱怨他对你视而不见了!

你必须跟婚前一样独来独往(即便你已经结婚生子)。

27,女人是一个家庭最好的风水

女人怎么做能让整个家庭蒸蒸日上,日子越过越旺?

1,时刻把夸赞鼓励丈夫的话挂嘴边(教育孩子也一样),不管另一半事业成功与否,从来都不会指责抱怨,更不会贬低老公。比起钱赚得多不多,要更关心老公累不累,脸上永远挂着笑,嘴边永远说着鼓励的话。有了这份背后支持,男人在外面无论碰到什么样的困难,一想到家,他就是坚强的。当丈夫被妻子的爱包围,有动力,有信念,有勇气,不仅事业会节节高,钱也会跟着你们!

2,有气度识大体,不会在小事情上斤斤计较,对于生活里面发生的不如意,总能够一笑置之。这样的妻子,往往情商都很高,在外面懂得维护丈夫的面子,在家里跟丈夫发生矛盾了，也能够更理性地解决问题，而不是一味地翻旧账，大吼大叫折腾丈夫。有了这样的老婆，家宅安宁，丈夫才能够有更多的精力去搞事业，自然也会比别人出色很多。

3，无论顺境逆境，做永远不离不弃的妻子（结婚前你一定要想清楚，他没钱了你还愿不愿意嫁）。这样的妻子在丈夫发达的时候不会胡乱挥霍，反而会精心规划家里面的吃穿用度，在逆境时也不会抱怨生活困难，嫌弃打压丈夫，不会在丈夫辛苦打拼的时候拖后腿，制造麻烦，消磨他的斗志，更不会一走了之。在这个只认钱的时代，她却愿意坚定地陪着老公度过困难期。有这样的老婆，丈夫一定能东山再起。

我们的莎莎在35岁的年纪迫于家人的催婚压力，嫁给了一个家人介绍的男人，这个男人各方面都让莎莎满意，除了经济能力差了些，她来找我希望我能给她一些建议，要不要继续这个婚姻，我帮她分析完以后给她的建议是，回去只看老公优点，多鼓励多赞美，且要相信他以后一定会赚得很多，达到你的需求。一年后她来找我，满脸的幸福，果然她老公的事业越来越好，当然我不是算出来的，而是通过莎莎的描述：

1，准备结婚的时候她家提出来的所有条件她老公都答应并做到了，这点我看到了她老公的大气和担当。

2，她老公房车都是自己奋斗出来的，没靠过家人，当时自己出来创业，因为缺少一个配件，她老公到处寻求帮助，最后真的得到了一个行业前辈的帮助，这点显示了他的能屈能伸和果敢。

3，她老公从来不睡懒觉，而且坚持早起跑步，对于莎莎提出的一些比如换家具的要求，说换就换，一点不拖延，这点就是他比较勤快，自律又有执行力。

4，周围朋友对他评价是他很正能量。

所以我给莎莎的建议是回去做一个能旺家庭风水的女人。因为这个男人的本质是好的，只因为赚钱少就放弃太不智慧了。

28，男性力量

男性力量缺失大多数都是缺乏担当，真正不负责任的男人，往往都是那些男性力量很弱的人。这种人表面看起来温温柔柔的，没有杀伤力，很阳光，但实际上呢，他有一个非常强烈的倾向，就是一旦关系出现问题，或者需要他去承担责任的时候，他就会逃，因为他只想在关系里获得，根本就不想付出。出现问题，就无限拖延，不解决，不沟通，也不想面对，甚至他会产生一种很荒谬的想法，就是觉得拖着拖着，你就妥协了，拖着拖着没有问题了。这样的人说白了就是一个小孩子的心态，内心十分缺乏男性的力量，他对感情的认知呢，就是只要我们两个人有感情就好了，根本意识不到感情是一个需要解决问题的一个复杂东西，那什么是男性力量呢？男性力量其实就是一种直面问题的能力，就是遇到事情的时候，他要经得住事儿，知道自己是个老爷们，该怎么去处理问题，去解决问题，而不是一遇到事儿，就往后躲。很多女孩子特别容易被一些表面东西给蛊惑，然后上头，就觉得对方给自己带来完美的恋爱体验，就遇到了真爱，但其实这个是错的，真正的恋爱应该是什么？应该是你筛选出一个男生，这个男生能跟你在一起，共同经得住事儿，就比方说吧，你们谈恋爱谈得很快乐，但是到了谈婚论嫁的时候，你爸妈不同意，这时候该怎么办？有男性力量的男人，他会去跟你爸妈谈，会愿意为了你去做努力，而没有男性力量的人呢？你爸妈不同意，他可能就直接跑了。所以如果一个男人是没有担当的，没有足够的男性力量，那他很容易遇到一点事儿，直接把你给放弃了。这种男人本质上很自私，他只能跟你同享福，不能共患难。那他们为什么会这样？这里要说他们的原生家庭啊，如果一个男人在亲密关系里总是逃避，那意味着要么在他的原生家庭里边，他的父母就是这样相处的模式，家里一发生冲突，他父母就直接跑得远远的躲起来，而他最后也习得了这种模式，觉得这就是解决你们矛盾的最好途径。再要么呢，就是这个男人在童年的时候，他的父亲是缺位的，这种缺位不一定代表离异，他没有爸爸，也有可能是他的父亲在家庭里边的男性力量太弱了，导致他父亲一部分的职责缺失。我们要知道，一个家庭中父亲缺位对孩子的影响是非常大的，父亲缺位就导致男性缺乏男性力量，他不知道婚姻中丈夫应该承担什么样的责任，怎么去做一个好丈夫和好爸爸，那他进入自己的婚姻之后，就会变成婚姻失败的导火索。因为。性别形成的主要机制就是模仿，父爱缺失，那么男孩就没有办法从父亲身上去学习果敢、坚毅和担当的这些品质，性格就容易变得中性，哎，甚至是女性化，依赖感强，责任感弱。所以如果你想辨别一个男生是否有担当，你就要去看他原生家庭是怎么样的，看他父亲是怎么对他的，如果说他的父母还挺幸福的，但这个父亲呢，一遇到问题就跑，那大概率这就是你未来的一个相处模式，再或者看看他原生家庭里边，如果父亲缺位，而母亲又把全部的精力放在儿子身上，为他包办一切，那我跟你说不出意外，这个男人也是缺乏男性力量的，你跟这种人进入婚姻之后，最终呈现出来的形式就是你逼着他解决问题，而他呢，只会逃避，只会拖延。当然，如果你已经遇到这种男人了，你要做的就是及时止损，筛选掉他，要么你就是自己有能力，因为这种男人他其实也不渣，也不是不爱你，而是单纯的缺乏一种能力，缺乏男性力量。如果你的能力也就是手段足够高明，他最终也能被你扭转回来。但说到底啊，人都是很复杂的，绝大部分人他既不是好人，也不是坏人，而最终能呈现出来的到底是好的一面还是坏一面？取决于你自己有没有能力去激发他。你要用我在前面提到的女性的力量去激发他。

29，女性力量缺失的人

女性力量缺失的女生往往很容易遇到渣男。如果一个女人在感情里总是很强势，习惯性地突出，总是去承担，那么她很容易吸引到妈宝男，或者是遇事喜欢逃避没有担当的男人。因为一个男性不负责任，或者他没有表现出自己有担当的能力的时候，这位女生可能也愿意跟对方试着去交往一下，因为她会觉得自己有能力去改变对方，或者帮对方去解决问题。为什么这位女生愿意去承担部分男性的责任呢？本质的原因是这位女生缺乏女性力量，习惯把自己放在一个男性的角色和角度去解决问题。所谓的拥有男性力量，归根结底来说就是遇到事情不逃避，不推卸，有担当，能够承担重担和压力，能够直接去面对问题，不拖泥带水地去处理问题。这个是不是听着很好？但是一个女生在感情里、生活里拥有太多的男性色彩和力量的时候，她自然而然地就缺乏女性力量，缺乏女性的依赖欲，那就很容易遇到渣男，而且很难跟渣男断开，不断地沉浸在一段有毒的感情里，反复地去挣扎，那么什么情况下女性会缺乏女性力量呢？

一般来说两种可能，一方面，这个女孩在童年的时缺失母爱，或者没有和母亲建立良好的依恋关系，她没有体验过无条件地被爱，从小的学习呢，就是父亲的养育模式，那么长大之后，她会在亲密关爱里表现出像男性一样非常独立的一面，而她内心深处也会觉得自己并不需要依赖另一个人。

那么在这种情况下，这个女生要么十分难以进入一段亲密关系，谁也不爱，要么就更容易找到像妈宝男一样没有担当的人。

另一方面，就是这个女生她可能和自己的母亲相处得比较好，但是她从心底里是不认同和接纳自己的母亲的，就比如说不接受母亲在关系里的地位和作用。我之前接的咨询里，有一个女性的母亲是插足别人家庭的，她母亲很爱她，她也很爱她母亲，但是她不认同母亲的社会角色，所以表面上可能她很爱母亲，但实际上她并不接纳自己的母亲，甚至从心里不接受自己女性的身份。那么在这种情况下，她的成长过程就倾向于学习父亲的模式，长大之后进入亲密关系，也更倾向于用男性的方式来处理问题，比如喜欢在感情上先付出，害怕占别人便宜，觉得自己不配得到爱，等等。为什么她要先付出呢？因为在她的认知里面就要去保护别人的，为别人先付出的，这样她才能营造别人的爱。本质上，这其实是男性力量太足而女性力量缺乏的表现。

当然不是说这样不好，而是一个女生想在婚姻里幸福，她最好是先成长出女性力量，再成长出男性力量。为什么要先成长出女性力量呢？因为女性力量说白了其实就是一种感知力，一种配得感，一种温柔且坚韧的力量。当你能够长出足够的女性力量，那你看问题、看男人的角度就会更敏锐，也会更容易站在女性的立场去处理问题和筛选男性。比如你解决问题的方式就会更加柔和，吸引到的男性呢，也会拥有更强的男性力量。所以，如果你在感情里边要么不敢接触异性，要么就是非常的强势，那就非常容易在感情的关系里找到一个很弱的男性，或者吸引到渣男。想要去破局，改变这种模式，你首先要调整自己的认知，认同自己的女性身份，并且认同肯定女性在家庭中的重要程度，相信自己是值得被爱的，值得被保护的。女人生来就应该被爱。其次就是培养自己对感情的感知力，别轻易跳到一个感情的坑里，或者对感情失去判断力和理智。不要遇到一个温柔的，稍微对自己好的，就沦陷了。哪怕是感情里出现了问题，或者明明知道这是一个有毒的关系，也要去强撑，不能这样，而是要对自己有清晰的自我认知，要明确方向感和目标感，不会在不值得的人和事里不断地纠缠和挣扎。遇到让自己感觉不好的事情和人，你就要警觉起来，而不是马上怀疑自己，觉得是自己的能力不够，付出的不够多。你要记住，使你能够多彩的，教你认识自己的永远是自爱而非被爱。你可以拥有很强的男性力量，遇到问题积极解决，但同时，也不要遏制住自己的女性力量，应该合理的利用女性力量去帮助你，去排除一些不合适的人。

30，家庭里父亲对女儿的影响

如果一个父亲的情绪不稳定，易怒，那他会习惯性地指责女儿，贬低女儿。女儿在这样的环境下长大，会逐渐成为一个不敢表达，缺乏自信，并且内心也没有安全感的人。在进入亲密关系之后，自然也没有足够的能量去选择并维系一段感情。他们在婚姻择偶上会出现哪种情况呢？

第一种，早恋或者早嫁。因为女儿对父亲暴躁的恐惧，会让她被那种释放温柔信号的人吸引，可能仅仅是因为男人一个简单的嘘寒问暖就会爱上对方，甚至远嫁，远嫁的本质就是一种对原生家庭的逃离。

但太早就结婚的女生，往往心智不太成熟，不懂得什么是爱，也不知道如何去爱。尤其是一个在父亲暴怒指责下长大的女孩，从小她的自我价值感是被严重践踏的，在感情中呢，会经常觉得自卑、敏感，总是觉得自己不够好，那为了让对方持续地爱自己，很多时候她会选择忍气吞声，压抑自己的需求来满足对方。

第二种，叛逆。女儿小的时候可能还不敢跟父亲对抗，但是长大之后呢，她会一直寻找机会跟父亲的意志相抗衡，尤其表现在择偶上，就会变得特别叛逆，父亲让他找什么样的人，他偏偏找个相反的。父亲越不认可自己的男友，她越是要跟这人在一起，很多时候女儿可能完全就是为了叛逆而叛逆，从而忽略了自己真正的需求，看不到男友其实也是存在很多问题的。

第三种，对男性抵触和排斥。因为父亲从小没有给自己树立一个情绪稳定、正面包容的异性的榜样，她会对男人有这种偏见，具体表现在两种，一种就不相信男人，觉得男人都不好，于是潜意识里就会压抑自己对异性的渴望，导致自己很难去走入一段亲密关系。另一种，就是在感情里变得十分强势，特别有攻击力，遇到问题总是想跟自己的伴侣争个胜负，因为她小的时候总受父亲的指责和打压，她下意识就会认为所有跟她有亲近关系的男人都会伤害她，所以必须要用攻击的方式来保护自己，结果就是两个人的感情会非常不稳定，而且，一个因为父亲的原因导致自己性格强势的女人，往往还会找一个性格软弱的伴侣，然后在感情中继承父亲对她的情感模式，爱管着对方、指责对方，经常对对方发脾气或怒吼，变成了和她父亲一样的人，这样，她的丈夫就会变得和她童年一样不幸，两个人在婚姻里都很难幸福。父亲作为女儿人生中接触的第一个异性，对女儿婚姻择偶上的影响往往是比母亲还大的。如果你不幸拥有一个情绪不稳定的父亲，正在重复着我上面指出的这些糟糕的情况，那你应该早点去治愈，早点去疗愈，越早让自己走出原生家庭的负面影响，才能越早享受恋爱，越早享受婚姻的美好。

31，家庭里母亲对女儿的影响

　　一个脾气暴躁的母亲，她对女儿的影响可能是毁灭性的，会导致女儿在感情里最大的特点是很难有安全感，这是因为母亲对孩子来讲，给予的就是最底层次的安全感的存在，如果这个母亲情绪不稳定，孩子内心就没有办法形成一个安全感的回路。具体在感情里呢，她会有三种表现：

第一个就是形成讨好型人格，因为从小就恐惧母亲发脾气，怎么能让母亲不生气呢？所以她干什么都会小心翼翼地讨好，只要能做到让母亲开心。将来进入亲密关系之后呢，她依然会保持这么一个讨好的动作，去讨好可能会突然暴怒的另一半。在感情里经常做出一些妥协和让步，用原谅和隐忍去无底线地包容另一半。

第二个情况呢？习惯性逃避，习惯性地去逃避冲突。在暴躁环境下长大的女孩子，她是自己没有办法做决定的，为什么呢？因为她从小做的每一个决定都会引起母亲的愤怒，对她来讲，做决定是一件非常痛苦的事情，所以她干脆就不做，而且当她每次面对母亲发怒的时候，为了减轻自己内心的恐惧，就会启动一个防御机制，就好像给自己加一个保护壳，一有问题，自己就躲在这个壳里边，不交流，也不沟通，慢慢地，她就会变得自卑、自闭。感情里的表现是什么？一有矛盾就消失，就躲起来，不敢正面解决问题。

第三种情况，情绪不稳定，因为没有被母亲温柔对待过，她会特别渴望别人对她的重视和关怀，所以进入亲密关系的时候，她对伴侣的需求特别的强烈，比如特别需要伴侣的嘘寒问暖，过度追求情绪价值，但是很少有男人能全部去满足她的高期待，而这个时候，一旦她感受到自己受到了冷漠，她就会马上产生一种对抗性。在感情里的表现是什么呢？总是喜欢用"作"去获得另一半的关注，以及喜欢用"作"的

III 恋爱准则

各种行为去测试另一半对自己的真爱程度。这样的女孩，她会走向两个极端，好的时候特别好，特别阳光，可能上一分钟还有说有笑的，下一秒她直接就变成了一个刺猬，要么就缩在角落里一声不吭，要么就是谁来扎谁。

不管上面是有哪种情况，其实对感情消耗都特别大。所以这类女生的分手率特别高，并且如果这个女生没有拥有过一个情绪稳定的母亲，她自己也会变成一个这样的母亲，可能一开始她自己也想改，绝不让自己的孩子经历自己的童年。但是原生家庭对人的影响是潜伏在潜意识深处的，光是靠意愿很难改变，她可能在不知不觉里边就模仿起自己的母亲。我们没有办法去选择自己的母亲，但是可以寻求一些专业的心理帮助去疗愈原生家庭带给你的伤害。重要的是什么？不要让母亲的错去影响我们的内心。有很多课程是可以帮助你强大自己内核的，只有当自己的内心是足够有力量的，你就知道怎么去爱自己了，以及怎么去维护一段健康的亲密关系，你自然就懂得怎么去爱自己的孩子。还是那句话，不要拿原生家庭的错误惩罚你自己。

32，为什么谈恋爱总是高开低走的？

为什么分手之后你总是离不开他？其原因就在于你掉入了他给你制造的情绪陷阱中。你要知道，任何人很难离开一个曾经让自己有很高情绪体验的人，一旦你享受过就依赖了，这比依赖物质更让人着迷。就比如一开始，你发现他无条件地顺从你，各方面都能做到极致，但是一段时间之后，等你习惯了这种被顺从被捧着的感觉，他就开始对你冷淡甚至忽视，然后你就疯了，你会产生很强烈的欲望，想要把他变回原来顺从你这个样子，为此不惜放弃自己的底线和尊严。

本来一开始，你是处于这段关系的高位，但是谈着谈着就变成低位了，离不开他了。这个过程其实就是你一步一步掉入对方的情绪陷阱的过程，那我们为什么很贪恋这种情绪价值？首先我们要知道，什么是情绪价值？情绪价值是一种情绪心理上满足的程度，价值有高低，高情绪价值意味着有效地使某个需求者获得心理满足。比如说一个人，希望被关心、被在意、被理解、被赞美、被崇拜、被信任、被鼓励，这种需求就得用情绪价值来满足。说得再简单一点，就是我们都讨厌负面的情绪，只要正面的情绪，而提供这种正面情绪的能力就是情绪价值。但问题是什么？这个世界上没有人可以一直给你提供正面情绪，连最爱我们的父母都没有办法永远让我们高兴，那你觉得还有谁能做到呢？所以，人和人之间不可能只产生正面情绪，而不产生负面情绪。可以这么说，任何一个压低自己去讨好你的人，这种压制都是一种假象，未来一定会塌缩到极致，然后在某个节点爆炸。他会彻底触底反弹，什么都不再顺着你，然后反倒是你开始委屈自己来讨好他。所以，如果你总是幻想一个男人给你情绪价值，给你足够的爱，给你不切实际愿望的满足，那你一定会遇到情绪骗子。因为越是内心极致脆弱的女人，越喜欢向外求情绪价值，她们会为了别人的几句甜言蜜语，嘘寒问暖，就把自己的一切爱、钱都给了人家，总是在为自己内在的匮乏支付高昂的成本。

为什么有的女人，总是反反复复地被渣男骗，被前男友骗，反反复复地挂在一个人或一类人身上，始终走不出来。原因就在于和正常人谈恋爱，一定是有来有往的，他给你正面情绪，你也给他正面情绪，他有的时候呢，给你负面情绪，你也会给他负面情绪，而渣男呢，他们从一开始就是冲着你去的，所以才会在短时间内给你极高的情绪体验，让你依赖上瘾，离不开他。从而后面开始离不开他。明白吗？这个世界上任何一个能够让你上瘾的东西，你都需要去警惕，因为极有可能就是别人在为你准备的陷阱。所以谈恋爱，一定要留神情绪价值这个事儿，太过贪恋情绪价值，最后是一定要付出代价的。当然，这个时候我知道你们肯定会有人说，那难道找对象就不能找对自己好的，爱自己的？不是不能找，而是你要分清楚什么是真正地对你好。真正地对你好，一定是触动了男性核心利益的，不是他几句甜言蜜语，带你吃几顿好的，带你出去玩，这不叫对你好，这都是情绪价值的陷阱，明白吗？一件事儿，如果这个事只对你有利，对他是无益的，甚至可能会伤害到他的利益，但是他仍然愿意为你去做，这才是真正地对你好。那些所谓的吃喝玩乐，他也快乐对不对？不是光你一个人快乐的。

所以判断一个人对你好不好，你不要只停留在表面，也不要太看重这个男人给你提供的情绪价值，因为这个部分，是最容易作假和表演的，他零成本，所以很多女孩就觉得这个人婚前对我特别好，然后婚后呢，面对婆媳问题的时候，就觉得这个男方像换了个人一样。其实就是因为你从一开始就没有摸透这个男人的本质，所以在婚前一定要多观察这个男人是否有担当，是否明白道理，在关键的问题上是否愿意去维护你的利益。生活是现实，甚至是残酷的，太痴迷情绪价值的女孩被这个东西蒙蔽双眼，而她身边的人也会因此劣币驱逐良币。真正的好男人可能会因为不善言辞，不善迎合而被那些夸夸其谈的浅薄之辈代替。你撩不开迷雾，就会错失良人。

33，为什么恋爱之后，你总是情绪崩溃？

你知道为什么热恋六个月左右的时间之后，你们总是吵架吗？而且两个人一吵架就要闹分手，这其实是因为你们进入了亲密关系中的权利争夺期。什么是权利争夺期呢？就是对同一个问题，你们两个人都持有不同的看法，但是都想对这件事儿持有决定权，互不相让，于是就产生了矛盾。比如你们在一起之后吧，你发现他身上有很多的小毛病，什么脾气不好啊，不求上进啊，等等，然后你就有了改造对方的想法，想让他变得和你想象中的一样，而他呢，却希望在相处久了之后可以卸下盔甲，自己怎么舒服怎么来。于是你们就开始争夺到底要怎么做？

在这个过程里边，其实你们在互相权利争夺的过程中，可以说所有的亲密关系产生矛盾的本质是权力争夺的问题，也就是说到底应该听谁的啊？是听你的还是听我的？如果听你的，我很委屈，就想找点事，但如果听我的呢，你又不服，也想找点事。这时候两个人为了获得决定权，往往就使出浑身的解数去争取，比如指责、讲道理、冷战、威胁、否定，等等。而这种权利争夺的背后，实际上折射的是两个人各自的依恋需求以及自尊需求。一个人如果他的童年的依恋缺失越多，那他就越渴望另一半来帮自己弥补回来。或者说，如果他的自我评价体系越不稳定，那他越需要另一半来顺从自己，从此获得自尊。

所以，在权力争夺期，一些看起来无伤大雅的小事儿，其实就是包含了试探对方能否满足自己需求的意思，稍微处理不当，就会导致分手。因为当你们两个人过度去追求在一段关爱中的话语权和掌控权的时候，矛盾和分歧自然就会产生。毕竟人都是独立的个体，没有人想要被掌控，完全服从另外一个人。如果你非要让他去改变，那在他的眼里，你就是他的阶级敌人，你在控制他，因为这里包含的只有你的意愿，而没有他的。看似好像是你用了心，用过方法，做过努力，你在经营你们的感情，但事实上你只是在经营你一个人的自恋，而不是两个人的情感。

想要避免权力争夺对感情的一个损耗，我们该怎么办？最有效的方法就两个：

1，就是评估，对你来说，到底是这件事儿更重要，还是关系更重要。就比如说，他周末在家喜欢打游戏，你不喜欢，你想让他陪你逛街，那么这时候你就要评估，对你而言，到底是你们的关系更重要，还是陪你逛街这件事儿更重要。如果你觉得关系更重要，那你就允许他在家里打游戏，或者陪他一起打，而不是非要拉着他去陪你逛街。但如果你觉得逛街这件事更重要，那你就可以自己去逛，或者约上你的姐妹跟你一起去逛。如果你既想去逛街，又想拉着他跟你一起去逛，而他不愿意做这样的事情，那你就要接受自己会愤怒的这个情绪，也接受你们会吵架的这个事实。因为健康的关系就是这样的，有的时候你跟他在一起最重要，所以你就要妥协一些自我，成全他的自我，有时候事情更重要，所以你就要放弃一时的关系，成全自己的事儿。有时候他也认为关系更重要，所以他就妥协一时的自我，成全你的自我。而有的时候呢，你们的事情都很重要，所以各做各的，独立去做。

当两个人意见发生冲突的时候，你就要去评估对你来说到底是这个事儿更重要，还是关系更重要？如果关系更重要，那你就要陪他做他喜欢的事情，而非是你喜欢的事情。

2，有意识的争取补偿性的权力。什么是补偿性权力？就是当一方在某一个领域让步的时候，就可以争取另一个领域的权力来作为补偿。比如还是前面那个例子，你在维护关系和想要逛街的过程里边选择了维护关系，你陪他打个游戏，那你的心里多多少少会有点不平衡，一旦这种事情发生多了，你的这种负面情绪长期地积累而没有发泄口的时候，就会酿成更大的矛盾。所以这时候你要为自己去争取补偿性的权力。比如这周你跟他一起在家打游戏，那你可以下周让他陪你逛街。再比如今天家务你全包了，那明天你就要让他请你吃顿大餐。当然，如果对方选择了迁就你，那你可以用同样的方式来补偿，此消彼长，就可以达成相对动态的一个平衡，减少两个人的分歧和矛盾。明白吗？解决矛盾并不代表你非要去改变他，或者一味地迁就和忍让，而是要在这段关系中找到相对的平衡点。如果你一心只想着改造对方，或者想要在关系里赢得掌控权来制约对方，那你最终就会输掉感情这场战争。

最后

心理自救成功的人才有的思维,主要体现在父母、恋人、朋友、自己这四个方面。

首先是对父母,不再有期待和幻想,不再有怨恨和创伤,不再渴望得到父母的认可,不再祈求父母爱自己,和父母的很多纠葛都不重要了。

其次是对恋人,没有托付心理,不再渴望对方再给自己安全感,不再幻想对方来拯救自己,不给对方当爸妈,也不献祭自己。

再次是对朋友,不互相扮演拯救者,不互相扮演情绪垃圾桶,不过度影响彼此的人生。

最后是对自己,把发展自己、成就自己、迭代自己放在第一位,敢于维护自己的切身利益,永远信任自己、鼓励自己,做自己的支撑和后盾,拓宽生命的广度和永远爱自己。

女孩们,婚姻不是终点,嫁给一个完美的男人也不是终点,你想要一直幸福,只有两条路可以让你顺心且走的长远:

第一,你要有很强的自我人生控场能力,要坚定不移地设定升级打怪的那个路线图,然后有节奏地往前走,且走出结果。每一步都踩准走对。

最后

　　第二，努力成为那个更好的你，成为你自己人生的智慧军，跟着你自己的节奏、步伐，走你自己指定的路，向高峰前进，奔跑起来。

www.ingramcontent.com/pod-product-compliance
Lightning Source LLC
Chambersburg PA
CBHW050224100526
44585CB00017BA/1951